莫莉——

著

防彈，
是要你在艱難的世界
成為自己的光

推薦序

雪力｜《MBTI 我，和我的使用說明書》作者

第一次聽到防彈少年團，是因為兩個女兒很喜歡他們。

當時的我還沒有經歷過中年的自我反思，還是執著在我那個「成熟的大人」的人設。當女兒跟我分享團隊的成員有多特別時，我還非常不屑地說「他們長得都一樣，我哪知道誰是誰啦。」女兒又問「不覺得他們的音樂很好聽嗎？」我答「是不錯啦，但就是一般小孩子會聽的流行歌。」

第二次再看到他們，就是疫情期間了。

我的學姐在隔離期間愛上了防彈少年團，她在社群媒體上分享這七個男孩是如何感動她的故事。我第一個反應是「唉呦，都這把年紀了，怎麼還是看這些小孩子的東西。」

真的開始看 BTS 的影片，是因為某天我的學姐提到，BTS 這個七人團體中有六個人不相信 MBTI，而 MBTI 是我的專業，她認為我該多聽聽韓國當紅偶像對這個工具的看法。於是我帶著研究精神打開 YouTube，試圖透過影片了解他們的性格。從最初看一些他們跳舞跳得很棒的 MV，到成員們私底下的互

動，再看到他們一開始出道的辛苦（包含用爛英文在紐約發傳單，拜託大家去看他們等等）歷程，就這樣看著看著，數小時過去，才猛然發現自己已經在坑底。

入坑這件事並不是透過理智選擇的，如果真的要分析被他們感動的原因，我想是看到他們在超乎想像的「成功」背後，為了追求夢想放手一搏的勇氣，是義無反顧全心投入的決心，是願意讓自己練習到無法走路的毅力……

但更讓他們與眾不同的，是他們超齡的智慧，以及透過如此誠懇熾熱的歌詞，讓大家在孤獨難過時，得到一股伴隨前進的力量。

他們這麼年經，就已經領悟到很多我過了四十歲才理解的人生智慧，這讓我覺得驚奇。這可能來自他們年少就需要在螢光幕前成長，並且接受大眾品頭論足的人生歷練。與其把這些感受壓抑下來，他們選擇將自己內心的脆弱寫入歌詞中，也因為這樣的真情流露，讓千萬名覺得孤獨的 ARMY，感受到自己在這個世界上其實並不孤獨。在這個過度包裝人設、不允許脆弱的世界，原來是有人理解他們的。

我一直強調，每個人的誕生都是世界的禮物，大家都要愛自己，看到自己的價值，這跟 BTS 的核心價值不謀而合。RM 曾

經說「你們皆帶著各自的獨特意義誕生」，SUGA 也提到「你明是地球，為何總將自己視為小島」，BTS 出道十年，有非常多的經典語句，每次都想記錄下來跟大家分享。很高興看到莫莉寫了這本書，讓大家在人生的低潮時，隨時翻開書都可以找到慰藉與力量。

最後，對於還是覺得 BTS 是給小孩子看的人，我想透過 Jimin 的一段話，分享我的改變：

「成長的同時，身上加諸了許多責任感，那些責任感使我們開始懂事，似乎也讓我們將真實情緒藏在內心深處，即使如此，那些情感卻不曾消失。或許顯得幼稚，但有時讓那些真實的情感表現出來如何呢？我希望那一天就是今天。」

深情推薦

B 編｜編笑編哭社群經營者

我不是阿米，但我曾經從 BTS 的歌裡獲得力量，這首歌我從歌名、旋律到歌詞都喜歡，甚至這篇文章也是一邊聽著一邊寫下的——00:00。

那時候的我大概真的是身心俱疲吧，好像沒有任何一個人可以接住我，躺下時就會感受到無止境的墜落感，總是睡不好的時候，播放這首歌時就得告訴自己：從現在就歸零，一旦都是嶄新的（모든 게 새로운 Zero O'Clock）。

我喜歡的朴栖含演員曾經在直播時提到，自己過去很難百分之百共感粉絲說「你是我的力量」，直到成為社會服務要員（類似替代役），過著上班族般朝九晚五的日子，衷心理解一般人的乏味日常為何需要追星來滋潤時，才終於開始明白：「能持續給予其他人力量的話，我的人生真的很帥氣呢！」

在我看來，不只那些能持續透過文字、歌曲、發言等任何管道帶給我們力量的偶像們、演員們、歌手們，一直這麼帥氣；吸收那些力量後重新振作，把亂七八糟的人生整理好，因為有了目標而過得更充實、懂得愛人後而更愛自己的粉絲們，也一樣這麼帥氣呢！

能專心堅持同一件事情，事實上非常了不起，而「追星」就是其中之一。開始追星後我深切明白，彼此扶持的力量不只存在偶像與粉絲之中，還有粉絲與粉絲之間，莫莉的書就會是這樣的一股力量、一座銜接的橋。就像 RM 說的一樣：우리가 서로의 의지이길 .（願我們成為彼此的依靠。）

FBA K ｜ BTS 防彈爆報 FTBN 粉絲專頁管理員

知道是莫莉的書之後很替她感到開心。

認識她是在 2016 年的首爾，當時我一個人到首爾追防彈少年團，與她相約在首爾的街頭喝咖啡，那時候她已經有在網路上翻譯一些防彈的相關資訊，她說對於防彈少年團的許多作品內容都很喜歡，想要試試用自己的文字來表達，我聽了之後非常贊成，也很支持鼓勵。後來她開始努力實踐自己的夢想，所以當有出版社詢問我是否能介紹適合翻譯防彈書籍的人，我第一時間就想到了莫莉，因為莫莉的文字優美細膩，能夠觸動許多人。這本書我相信莫莉一定準備得非常用心，所以我非常期待，也推薦大家可以一起擁有和欣賞。

Pobbi 波比 ｜ 6 年阿米、資深韓娛觀察者

「防彈少年團」或是「BTS」對你來說是什麼樣的存在？

收穫無數掌聲、備受眾人愛戴的世界級明星？用刀群舞與超強實力的舞台收買粉絲心的藝人？還是擁有帥氣長相及致命魅力的存在？不管是哪一個都對。但對我來說，他們代表著永不放棄、持續前進的勇氣，無懼世俗框架，用奮力一搏來傾訴自我的通透，並成為無可取代的存在。

遇上防彈之前，我曾認為藝人就像獨角獸般的夢幻存在，粉絲是簇擁的陪襯者，主副角色分明。2017 年因為好奇心而走進防彈的世界，從單純喜歡舞台開始，後來漸漸在意歌詞想傳達的意義，進而發現莫莉的翻譯文字，才真正知道「他們不一樣！」。比起光鮮亮麗的外表，我更感謝他們無私地與我們分享每個當下的情緒，他們並不是遙不可及的存在，而是與我們一樣為生活苦惱、膠著。在伸手不見五指的黑洞裡面，他們如「光」引領在前，可他們不想成為唯一，而是教會我們要成為自己的光。防彈與 ARMY 是雙向奔赴的共進夥伴，我們相互依存，也能獨立勇敢。謝謝莫莉將他們的話語傳遞到 ARMY 的心上，更謝謝莫莉將無數 ARMY 的心聲記錄下來，用這本書寫下我們對防彈最美好的情書。

若你也曾因為他們的一句話而感動，我想你會從這本書找到更多你記得或遺忘的力量。

陳家怡｜中韓口筆譯員

我永遠忘不了 2017 年的秋天。研究所放榜前的漫長等候，讓不知該如何度過的我，跟著同學點開了防彈的舞台影片。我萬萬沒想到，那段影片會成為我「入坑」的契機。就這樣，防彈

用音樂、用歌詞、用充滿能量的訊息，陪著我一路走過最艱難的時光。

在還不了解他們的時期，防彈對我來說就只是眾多偶像團體之一。成為「阿米」之後，我才發現他們一路走來有多不容易。正因如此，在面臨人生大大小小難關時，防彈總是能夠帶給我超乎想像的能量。可以是安慰，可以是鼓勵，可以是勇氣，讓我不再獨自感到迷茫。

很感謝莫莉寫了《防彈，是要你在艱難的世界成為自己的光》這本書，將那些年帶給我力量的字字句句化為篇幅，讓更多人從中獲得能量。書裡不僅集結了防彈成員們曾經說過的話、寫過的字句，還搭配了莫莉給讀者的「生活提案」，讓讀者在咀嚼文字的同時，對「好好生活」有更明確的方向。

我一直很感謝防彈進入我的生命，當初在出版自己的著作時，也用了成員們說過的話當作每一個章節的開頭。莫莉這本書，我相信只要是喜歡防彈的粉絲，一定會有滿滿的共鳴。就算還不認識防彈，也能透過莫莉溫暖的筆觸，找到屬於自己的光芒。

"먼 미래 지나가는 우리의 시간들을 보며, 웃을 수 있기를."

自序

身為防彈少年團的歌迷，我們養成了聽歌一定要看歌詞、得獎後要找授獎感言翻譯的習慣，演唱會中長達好幾分鐘的致謝更是不能錯過。

南俊曾說「若我們的存在、我們的音樂、我們的舞台，能將各位為數 100 的傷痛降至 99、98、97，那我們存在的價值已經充分被證明」。歌迷們能從防彈少年團的歌曲、舞台表演、說過的話語中得到難以想像的力量，這些力量成為內心支柱，並協助我們度過現實生活的考驗。這些話語能成為力量，不僅因為是由他們訴說，而是因為防彈少年團實踐了這些話語。這是他們經過歷練、熬過難關，走過荒漠沙洲、內化苦痛，迎接寬廣大海後講出的人生哲言。

本書以五個面向收錄成員們十年以來所講過的經典句子，讓我

們從自我出發、歷經挑戰、描繪夢想、擁抱心中的愛，最後並肩而行。每個句子講述了人生旅途中會遇到的徬徨、質疑、憂慮與哀愁，但在彼此的陪伴下再次找到前行的勇氣。

挑選句子的過程裡，我又再次細細回味了當時的時空背景，再看一次那時候的影片或找出前後發行的歌曲，回想當時自己聽到這句話的感受，對比現在的感受是否有所不同。有時會發現自己如當初般感動，有時發覺自己在實踐的同時，產生了屬於自己的領悟。

我將個人的領悟結合防彈少年團帶給世界的美好寓意，寫成了這本特別的書籍。比起在乎句子的經典或知名程度，更著重於這句話的啟發性。費時一年，不斷苦思該如何呈現才最能使讀者有所收穫，因為這樣的書籍可謂前無古人，後面有沒有來者尚未知曉，這個嘗試對於我與出版社而言都是一項巨大的挑戰，我們在一次次的試寫、來回整稿、會議討論後逐漸摸索出大致的輪廓。

這一年的時間，其實我經歷了不少事件與身心靈變化，這段人生旅途也反映在本書。隨著日益成熟的思緒，文字也產生豐富的變化，從匱乏又渺小的我，轉變為能與讀者一同飛行的「大人」，這本書之於我不只是實踐作家夢想的起始，更是絕無僅有的人生紀錄。原本只是一名韓文譯者，替作家翻譯文字，

如今成為創作文字的人，名字被標註在作家的位置，每每想到此點都令我感激不已。

希望讀者翻開這本書，無論是以回味的方式閱讀，或是首次接觸這些句子都好，皆能從中得到貼近心靈的溫暖，並藉由文末的生活提案，得到具體的實踐方法。

最後，要向日月出版的副總編輯、我親愛的編輯、發行部、插畫家、設計師等曾參與內外部會議，集思廣益的專業人士們致上謝意，有了各位的協助，才能完成這本書的發行。另外，我也要謝謝親愛的家人，以及少數得知出書消息的朋友們，沒有你們的支持，我會被困在創作的地獄，然後發瘋不出門。最後是從臉書專頁時期就開始支持我的追蹤者們，因為你們不吝嗇的鼓勵，我才發覺自己的文字似乎真的有些力量，使我有勇氣一路走到這裡，向你們致上最深的感謝。

同時也獻給，我永遠的青春，防彈少年團。

2023 夏季，莫莉

|目次|

Chapter

2

低谷飛翔

現實如狂風驟雨，阻礙飛行，使我們
不得不降落。但即使我們身處困境，
仍能學習與傷悲相處，學習降落而
不墜落的方法，再次迎向明天。

Chapter

1

自我與自信

●生命以我為始、以我為終。每個人用不同的
方式於「自我」這張白紙盡情創作。你我在
創作的苦痛中，摸索、跌倒、戴上面具，最
後面對面具下真實的自己。

Chapter 1

自我與自信

넌 지구인데 , 왜 섬이 되려해 .

你明是地球，為何總將自己視為小島。

2017.12.27 Fan Café SUGA

下了班、放學回家，回到獨自安靜的房間，我們像是關上與世界連通的大門，回到自己的角落，那座能容納自我的小島上。

對你我而言，我們生自那座無人小島，在荒蕪、孤立的島嶼上建立秩序，搭建遮風避雨的房屋。當我們往外追尋時，總是徒步而行，但無論向前走了多少步、繞了幾圈，最後終將抵達海岸交界，那是內心的邊界，或說是極限。無際的大海保護了你，也圍困了你。你說自己是座小島，告訴自己，我僅是如此而已。

韓國已故歌手金光石誕生於大邱，帶著一把吉他，有時還掛著口琴自彈自唱。其技法不華麗浮誇，單以真摯的歌聲詮釋純樸的民歌，唱出了靈魂的樂章，成為韓國樂史上的傳奇歌手。名曲〈서른 즈음에（三十歲左右）〉的歌詞，貼切描述三十歲出頭的人們經歷的酸甜苦辣，他因此被稱為「唱歌的哲學家」。

音樂節目《金光石的重生》運用 AI 技術，重現 20 年前金光

石的舞臺，並在 2016 年於電視臺播放。玧其當時看完節目後在 Fan Café 留下了這句簡單的話語。同樣生於大邱的他，多次提及金光石對他音樂之路的啟蒙，也曾說他是自己正式學習吉他的動力之一。在與歌迷互動的直播裡，玧其也彈奏過金光石的名曲〈너무 아픈 사랑은 사랑이 아니었음을（太過痛苦的愛，並非愛）〉，這位吉他樂手對他的影響可見一斑。

我們求好心切，容易聚焦於自己的不足。想追求美好的境界、填補空缺，反而總是在檢討內在匱乏，使自我認知被不足填滿。時間積累下，原擁有如地球般寬廣的可能性，被縮小成狹隘的砂土。那些我們原本只要跨海即能挖掘的全新可能，被視為未知的恐懼，遲遲無法動身；那些生命中等待開發的機會，卻因為我們過度專注於彌補不足，忽視了探索的機會。如此一來，我們不僅錯過豐富自我的機會，也錯失自癒的機會。

當我們僅將自己視為汪洋中的島嶼，便需要挨過風雨、乘船航行才能與世界及他人連結，無法被稱為「地球」。我們總認為這座島嶼的資源有限，雖有先天賦予的優點或長處，但總覺得還是缺乏了什麼，以致必須汲汲營營向外尋求更多資源，才能豐富生命所需。**但倘若我們自身就是豐沛、具有生**

命力的地球呢？

一座島嶼將任由四季來去，只能順應，而地球卻能自由選擇寒冬或盛夏、白晝或黑夜。當心情陷入悲傷時，能在冬季的雪國沉靜思緒，也能在片刻後移動至溫暖的熱帶地區取暖。我們皆是一座富足、圓滿的地球，有著無盡的可能。或許隱藏許多陰暗森林，但擁有主控權的我們，是這座地球的主人，能自由選擇面光的方向。

你自認是一座小島，還是地球？

試著跨越那片恐懼之海，認同彼岸無盡的未知也是自我的一部分，那麼或許你也將能敞開心胸認同自己是顆富足的地球。

莫莉的生活提案

☽ 列出自認的優點，並回想他人稱讚的那些時刻。

☽ 想想他人稱讚過，自己卻未曾發現的優點。

☽ 認同所有的優點，這都是你身為豐富地球的證據。

나와 나의 여러분은 결국 이길 것이다 .
아무도 모르는 새 아주 자연스럽게 .

最後，我與各位將會得勝，
當眾人尚未察覺時，自然而然地。

2015.05.15 Twitter RM

「稍微特別的一天／稍微帥氣的模樣／就算沒有亮眼的表現／就以原本的模樣／再更自然一些／望著彼此走來的人生／愛意不需任何偽裝修飾……」

這幾句歌詞摘錄自韓國雙人樂團 No Reply〈natural〉這首歌，其描述了一個人原本的模樣就值得被愛，也值得去愛，同時也能以最真實的自己，得到應有的肯定。

當時的防彈正值出道兩年，由於隸屬於中小型經紀公司，出道兩年若還沒有精彩成績，可能淪為默默無名的泡沫，消失在競爭激烈的南韓偶像歌壇。然而他們以投入畢生心血，放手一搏的專輯《花樣年華 Pt.1》主打歌＜ I NEED U ＞，勢如破竹拿下歌手生涯的第一座音樂節目冠軍，意義非同小可。得到好成績的幾天後，南俊在 Twitter 分享這首歌曲，同時留下了這句話。

人生道路的往前邁進，並非所有人的定義皆是往高處去，不是每個你我都想爬得更高更遠，或是成為發光發熱的中心，有些人只想平緩走著，甚至往地底挖去，朝向深處一點一滴

探索。無論方向為何，跨出去的每一步可能都是無聲無息的。路上偶遇的風景、腳底踩著的土地觸感、心境不自覺的變化，不一定隨時隨地能與他人分享。在抵達旅程的路標前，我們甚至不知道自己在哪裡，就只是這樣靜靜地走著。

看似平凡的路途，不代表終點也註定如平淡事物般可有可無。我們轉動自己的生命，在時間之流刻印痕跡，即使一路上的酸甜苦辣只有自己知道，豐盛的成果卻值得此路的艱辛。

世俗的時間是 24 小時，一年 365 天，你我在這些時刻裡活著、過著生活，然而我們內心的時間軸卻與外在不同。一件事情可能只發生了幾分鐘，但我們領悟或學習到的份量卻是以時間單位的倍數成長。不經一事，不長一智，此「智」難以量化，在我們心中發酵的層面更無法用三言兩語訴說。時間在走，人也在走，人類即便無法抵抗外在時間，卻能控制心的速度。

累積經驗成長的你，淬鍊內心成熟的你，我們在面對無窮可能的道路上，比起昨天有了一些不同。在他人專注於顯性的時間箝制時，你那強大的內在，真實又堅韌，終將在某天的某刻得到收穫，自然而然又理所當然。

歌手們花費好幾年的時間在音樂創作領域上磨練自我，在最剛好的時間得到肯定。反觀你我，無論以何種方式前進，亦終將在某天找到最珍貴的寶藏。得勝不一定是打敗競爭對手，或是在群體內脫穎而出，也有可能是與內心的懦弱或憂愁和平相處，得到生命裡那份自在、安然的力量。

莫莉的生活提案

☾ 動筆寫日記記錄生活，你可能會發現自己不知不覺持之以恆寫了許久。

☾ 回想自己與他人的時間軸，看似較慢的就業或升遷，換來未曾想過的發展。

☾ 對於他人的成功不一定要認同或讚美，但可以放下比較與不平衡心理，記得大家皆擁有不同的人生。

그대들은 언제나 저마다의 의미를 품고 태어난 존재 .

你們皆帶著各自的獨特意義誕生。

2015.06.30 Fan Café RM

生於地球，生在家庭，生而為人。一個生命的平凡起點，也
是我們畢生追尋的終點。

孩提時期，我們透過他人的回饋定位自己是誰。你很高、你
的眼睛很漂亮、你的記憶力很好、你很獨立，這些意見建構
了我們的自我認知，並在向外探索的過程中吸取經驗、主動
學習，描繪出專屬於自我的樣貌，逐步建構自己是怎麼樣的
人，並以此為出發點，盡情感受世界給予的每件事物。

然而在接觸越來越多人事物後，社會的磨練成了粗糙的砂
紙，無視你的意願，磨去那些獨一無二的邊角，他人的指教
化為根根刺針，擊中最純真、毫無防備的內心。漸漸地，那
幅自畫像變得四不像，這裡聽取一點建議，那裡修了一點痕
跡，最後連自己是誰也被擦去，成為一擊就垮的脆弱自我。

南俊經常思考「自我」的議題，他在 Rap Monster ∕ RM ∕
金南俊之間的來回探索中，創作出許多發人省思的音樂作
品，他也多次在訪談中袒露對於自我認同的想法與心得。
對他而言，Rap Monster 是過去用音樂傾吐對於充滿壓榨、

不平等社會的自我；RM 則是經過幾年學習與沉澱後，另一副以成熟姿態對外及對內的形象。而金南俊的本質，或許一直都沒有改變，又或者說在潛移默化中已轉換成更自在的模樣。

而他能做到令旁人讚嘆不已的想法突破，重點就在於「覺察、認同、實踐」。他深度探索自我，面對內心深處的恐懼與矛盾，以正向開闊的心胸面對，再細細思索獨特的自己該用何種方式外顯於世界，最後鼓起勇氣、提起行動，展露真正的自我。

當時的他或許正好處於自我覺察的階段，發現自己帶有的獨特意義，不希望這份獨特被殘酷現實所淹沒、誘惑，所以選擇接納自己，專注發展出獨一無二的金南俊，同時也是 RM 與 Rap Monster。

正如我曾經熱愛烘焙，期望成為蛋糕師傅，跌撞之下步入飯店業，之後出國留學。做過旅行社的文案企劃，現在轉身成為翻譯，更是一名坐在電腦桌前抱頭苦思的作家。這些曾經的我，有些是過去式，有些是現在進行式，無論何種身分皆是我的一部分，彼此互不干涉，也能同時存在，**重要的是認同這些身分之下的自己，才能真正感到踏實。**

你的特別在哪裡，你擁抱了何種意義誕生於世？我們也能更進一步思考，比起先天的你，現在的你面對內心最真實的自己後，想選擇用什麼方式與它相處？自我認知僅是推動改變的起點，接下來的作為更加重要。

相信獨特的自己，大方真實地面對世界，那幅自畫像不會徹底消失，擦拭過的痕跡、修塗的筆跡會堆疊出成熟又自在的你。

莫莉的生活提案

- ☽ 問問朋友們怎麼形容你。

- ☽ 想想你會怎麼形容自己。

- ☽ 不否定、不抗拒、擁抱自己，並對自己說「我真是表裡如一／我真是個豐富又有趣的人！」

항상 나는 '최고'라고 주문을 겁니다.
나를 믿고 '괜찮아, 잘할 수 있어'라고 응원하죠.
거짓말처럼, 잘하고 있을 거예요.

我經常對自己說「你最棒」這句如咒語般的字句。
我相信自己，並告訴自己「沒事的，我能做好」。
像真的說服了自己，事情也如想像般順利。

2018 Dicon Magazine Jin

在一次的雜誌訪談裡，記者問道：「請向世界上所有持續奮鬥的人，說一句激勵的話」。2018 年是他們正式在國際發光發熱的年度，以耀眼的成績打入美國樂壇，更站上 2018 全美音樂獎（American Music Awards）。一直以來持續用音樂與舞台向世界展現真實面貌的他們，勢必會遇到許多一般人難以想像的挑戰與心魔，針對這則問題，每個人說出別具性格特色的回答。

碩珍的回覆體現他淡然豁達的個性，看似簡單的幾個字，卻蘊含深厚又成熟的人生哲學。

如何才能稱為相信自己？我們腦海中每分每秒都有數不清的雜念，這些天使、惡魔的聲音，有的稱讚你做得很好，給你充滿光明的正向意念，有的卻將你貶低至深淵，使你質疑自己。我們要如何與這些聲音共處，找出真正能說服自己的聲音？

更讓人無奈的是，內心看似稱讚的聲音裡，其實混雜了假性的讚許，即那些為了掩飾恐懼所衍伸出的「假自信感」。當

我們對於自身能力感到不確定，又不願被他人戳破，因此選擇避重就輕地訴說或行動時，這些行為皆屬於自我膨脹過後的假自信感。

試著先以客觀角度觀察自己的弱處，尤其是最容易感到不安的來源。可能是羞於在群眾面前表達意見，抑或是過度追求好結果而裹足不前的念頭，這些弱項會顯示出該領域的不足或個性缺陷。接著別急著責怪自己或是隨即想加以補強，先深吸一口氣，告訴自己「擁有缺陷的我是被容許的，縱然如此，我也還是能做好眼前的事情」。承認這些弱點與自己並存的事實，明確知道自身的限度，才能在正確位置向上成長。

最重要的一件事，不僅是勉勵自己能將事情做好，並相信自己能承擔失敗後的責任，還必須體認到一件事的成敗並非百分之百掌握在自己手裡。**我們要對自己嚴格，也必須對自己寬容，若對可能的失敗抱持能屈能伸的彈性，將能成為事前激勵自己的勇氣。**

透過這樣的審視過程，將不請自來的懼怕轉化為當下能運用的動力，讓自己在迎向挑戰前不過度擔憂。

碩珍一直以來直率且開朗，不只帶來歡樂的氣氛，也讓人佩服其成熟處事的泰然。面對意義重大的場合或突發事件，他想必也如一般人，會感到緊張不安，但仍試著用屬於他的人生哲學面對。他之所以能成為團隊中支柱般的存在，或許正因其「既來之則安之」的思維，以及有勇氣面對隨之而來的責任，因此他能自信地告訴自己「我做得到，即使結果與想像不同，我仍能完成任務。」

無論是說服或是勉勵，真心誠意地與自己溝通，使之柔軟又堅韌，那麼遇到任何困難或挑戰，無論是壓低姿態或自平地躍起，相信都能安然度過。

莫莉的生活提案

- 🌙 面對事情時，思考慌張與平靜兩種態度對於結果的影響。
- 🌙 緊張的時候，以「我知道你緊張，這很正常」代替「天啊，不要緊張了啦！」
- 🌙 想像碩珍的表情，然後念他的咒語，試試看就知道了。

세상을 바꿀 수 있는 방법이 딱 두가지가 있다고 한다.
첫번째 혁명가가 되는 것 두번째 세상을 긍정적으로
바라보는 것 난 둘 다 하고싶다 둘 다 해낼 것이다.

改變世界的方法有兩種，一種是成為革命家，
另一種是以正面積極的角度看待世界。
我兩種方法都想做，也都會成功做到。

2018.05.11 BANGTANTV log RM

防彈出道前後經常拍攝記錄影片，幾分鐘的影片富含當時的真實心境。無論是回歸之前的忐忑不安，或是獲獎後的感激、澎湃，甚至辛酸的回憶，皆透過短片的形式如實記錄。團員們喜歡透過這樣的方式與歌迷分享心情，讓雙方共享這些事件前後的點滴。

南俊在影片裡，除了分享回歸前的心情與喜歡的歌曲，也透露對於即將站上告示牌頒獎典禮的興奮和緊張情緒。身為隊長，必須負起重責大任，他所扛起的壓力與期待不言而喻。不過他在分享心情時，卻以輕鬆自在的態度，訴說這個理應會讓人壓力大到無法入睡的工作。他表示自己以樂觀的視角迎接任何可能的挑戰與未知，身邊的人會告訴他不要擔心，你已經做得很好，但他知道這是他人出自在乎所給予的關心，最終能將事情完成的人唯有自己，而他選擇用積極的態度正面迎向挑戰。

我們不一定偉大到想要改變世界，或是冀望大環境、制度或體系因我們的作為有所改變，但我們面對各自的人生，並身

為這座小宇宙的主角，理所當然想要用自己的力量撰寫人生劇本，甚至改變既有框架。

革命、推翻、重新建立與穩定，這一連串的改變讓人只想退避三舍，一來因為麻煩，一旦變動一顆螺絲釘，將會牽連許多與之相關的人事物，光是想到就覺得繁瑣、不想碰；再者，也因要放開熟悉的事物，先經歷未知的時間後才能再次抓取某物，那種不安讓人不由自主地感到恐懼。

改變能是改變客觀事實的狀態，也能是主觀意識的變動。以我自身為例，最近我意識到自我狀態的不穩定，難以控制發怒，或是了無動力，一直以來輕忽的懼怕逐漸成形，讓我無法與他人坦誠相對，因此我下定決心認真審視內心狀況。幾經掙扎與思索後，我選擇接受專業心理醫師的諮商。原本我深怕對方無法接受自己的懦弱，所以會選擇掩蓋事實，只對他人坦承少部分的自己，並用隱晦的方式與外在溝通，將懦弱的自我包裝成害羞內向的個性，蓋起連自己都難以發覺的透明城牆。幾次會談過後，我試著用更坦誠的方式表達真實感受，並且不過度預設他人立場。

這項改變相當不易，甚至在我內心的宇宙颳起颶風，使我相當不舒服，但即使面對深入刨除、重新樹立秩序的不適，我

仍想以正面積極的態度面對，在每個被不安包圍的時刻、彷彿就要失控的前夕，輕聲告訴自己，妳真的做得很好，妳終將能完成這件事。妳勇敢地容許自己成為革命家，正在堅強面對每項挑戰，別逃避這條必經之路，事後的戰果相信會是值得的。

讓我們樂觀擁抱生命的每項變化，以積極的態度迎接改變，就算是痛苦的變遷，也將在你寬廣的生命中，以最痛的方式，開出最自在的笑容。

莫莉的生活提案

- ☽ 每日抄寫句子，練字的同時也練習確實閱讀書本文字。
- ☽ 反思自己那些模稜兩可的回答，例如「還好、都可以」，明確講出喜惡。
- ★ 給實踐改變的自己一些勉勵，吃份好吃的甜點！

정말 많은 페르소나가 제 안에서 나오면 좋겠어요 .
그때마다 수만 가지의 내가 존재가 할 수 있게 ,
그날마다 새로운 내가 또 다른 걸 할 수 있을 만한 사람이
될 수 있게 많은 페르소나를 탄생시키고 싶은 게 제일
커요 . 그게 아티스트로서 제 최종적인 꿈 같아요 .

我希望自己能擁有許多人格面具（Persona），
如此一來，我能成為豐富的存在，我能發現全新的自己，
發展許多不同的面向。這好像是我作為藝人的最終夢想。

2022.06.17 Weverse Magazine V

「臉蛋是名畫，個性是童話，人生是電影」，這句話大概是所有歌迷想起泰亨皆會認同的一句話。他所展現的豐富魅力，無論是私底下或螢光幕前的面貌都讓人無不讚嘆又喜愛萬分。

2022 年後半段，防彈少年團結束了以少年為主題的第一篇章，陸續展開第二章的旅程。每個成員專注在個人的事業發展上，展現更加豐富多元，不同於以往的全新模樣。而成員泰亨一直以來有著令人難以捉摸的樣貌，他能是一名在舞台上散發極致魅力的表演者，也是一名喜愛爵士樂的樂迷，同時也是不忍心拔斷花草，只願俯身欣賞其美麗的單純男孩。

人格面具（Persona）由心理學家榮格所提出，人在不同的社會交際場合會表現出不同的形象，像是戴上各式各樣的面具。面具通常不會只有一副，而所有面具的總和就是該人的人格。人格面具越多元，並且能相互整合的情況下，代表一個人的心理越健康；相反地，若人格面具間出現對立、衝突，將出現各式各樣的心理困擾[1]。

每個人都擁有不同的樣貌，我們或許和朋友相處時是主導氣氛的人，樂於規劃，喜好帶領大家去做某事，在職場上則條理分明、嚴謹待人，而回到家裡轉為安靜、順從的角色。這些面貌都是我們的面向之一，彼此不同、特色鮮明，但不代表其中哪一個是虛假的，這些都是成熟發展的自我的一部分。當發現自己擁有的人格面具時，無需感到詫異或者自我懷疑，這些在各個領域，或是面對不同群體的面向愈是自在、踏實，就代表你的主體愈趨於成熟。

人格面具，或說不同狀態下的你，皆不是單一且永久的框架，而是能靈活運用與自由轉變的「書籤」，或許比起「面具」這個略帶偽裝之意的詞，用書籤的概念來說明會更加貼切。想像自己為一本百科全書，能用深度與寬度兩種角度端詳。童年時期的你、青少年時期的你、出社會的你，這樣以時間分割出的「寬度」，是一種自我剖析的方式；或者，也能選擇從每個時期往下探尋，挖掘面對不同人事物時，自己是如何應對，展現出何種截然不同的模樣。我們能自由在每

1. 黃國勝，《隱藏的人格面具：「心靈整合之父」榮格帶你揭開內心的衝突，揭祕完美主義、討好型人格、焦慮、抑鬱等心理狀態的真正成因》，時報文化出版。

一頁註記並放上書籤,這本豐富的人生之書,標記了愈多的記號與閱讀的痕跡,不就代表我們對於內心了解得愈透徹嗎?

豐富多元的人格面具,像是建立起更深、更多層次的你。泰亨形容自己像座大樹,這些人格面具是豐盛的枝幹,結出的果實就是最亮眼的作品,那麼相信你我的生命之樹,也在全方位自我覺察的過程中茁壯,且富有生命力,漸漸發展出不同的人格面具,形塑最接近真我的自己。

莫莉的生活提案

☾ 觀察你的個性裡最為反差的兩種狀態。

☾ 比起定位自己是活潑還是害羞,以自在的態度與人互動就好!

☾ 督促自己接觸新的活動或興趣,不僅能探索世界,也可以發現內心的新樣貌。

어떤 계기가 있다기보다 , 그냥 그래야 했다 .
내가 해야 하는 것 같았다 . 현실이나 분수를 아는 것도
굉장히 중요하지만 기본적으로 힙합 음악의 밑바탕에는
항상 자신감이 깔려 있어야 한다고 생각한다 .
'자만' 이 아닌 '자신감' 은 멋진 거니까 .

比起帶著某種契機而行，不如說本就該由我來做。
雖然認清現實與知分寸很重要，
但嘻哈音樂是奠定在自信感之上。
這並非「自滿」，而是「自信感」。

2014 Ceci Magazine 10 月號 SUGA

隨時能向他人落落大方展現成果，對自己的一切抱持不羞愧、不愧對的態度，並擁有勇於面對批評的姿態，這是一種由內而外散發的自信。而讓人感到不被尊重的自滿，是過度膨脹自我，更是與他人比較後的高低差所產生的驕傲鄙視。

防彈少年團以嘻哈樂曲風格出道，在韓國樂壇走出不一樣的道路。人們一聽到嘻哈音樂，腦中的第一印象總是充滿自信與霸氣，用直率的歌詞唱出饒舌歌手欲對世界傾吐的不凡抱負。玧其幼小年紀就在錄音室打工，學習混音與編曲，懷抱創作音樂的夢想，而「自信」正是追尋夢想之路最不可或缺的元素之一。

玧其所寫的每首歌曲總是赤裸且誠實，有時大方坦承年少時期的徬徨，有時直言道出追夢時的脆弱。無論是在訪談或與成員的互動中，他總是毫不避諱地稱讚自己的音樂才華，不僅在鋼琴前隨時能即興演奏，面對混音器或各種音樂設備更是操作得游刃有餘。這份自信感從何而來？為何這份自信並非在多年後累積了成就、屢經他人肯定後才展現，而是打從

一開始就自言行中散發出來呢？因為玧其的自信並非經由外在建立，而是源自內心深處。

先試著將一天裡發生的每件事視為反覆練習的機會，例如培養在按下鬧鐘後二話不說立即起床的行動力；早上出門時直視鏡子裡的那雙眼睛，大方給他一副燦爛笑容的自信心；面對不合理的要求時，能堅決畫出底線的意志力等等，用心從這些散落在一天 24 小時內的拼圖中，找到建立自信的元素，並將其運用在大大小小的挑戰中。

即使面臨多次失敗與挫折，這些元素就像房屋的地基與樑柱，能將經驗裡失落的情緒轉換為再次挑戰的勇氣，這個過程會建立起強大的自信力，層層堆疊出自然而然、由內向外散發的自信。

然而某些僅有一次的重大挑戰，例如學業生涯中的大考，大公司的珍貴面試機會，這些好似絕無僅有的賭注，錯過即失去。無法重來的時間點，又該如何累積經驗，並在事前建立自信？關鍵就在於「不感到自滿」。

試著將專注力放在自我的表現，而非心心念念他人可能的成就。一旦必較，尚未紮穩的實力會因過度放大的自尊而成為

驕傲，內心忙於抬高自己，疏於穩固地基，到頭來，不切實際的自我滿足，只會更容易被戳破，辛苦努力的成果也會因破綻而難以說服他人。

世界上沒有真正的天才，唯有建立正確的自信，才能在人生道路上，成為即便飽受批評也能抬頭面對的真實自我。

莫莉的生活提案

- 🌙 確實回想或記錄一天之中的小事，留心自己表現良好的部分，肯定自己。
- 🌙 相信自己其實沒那麼難，難的是不責怪自己。
- 🌙 測量是否自滿的方法之一就是幽默感，禁得起玩笑代表也禁得起考驗。

세상에 두려운 걸 '두렵다'고 똑바로 말하는
일보다 어려운 일은 없을 거예요.

世上沒有比直接說出「我很害怕」還要可怕的事。

2016.05.10 Fan Café RM

勇敢的反義為何，是懦弱、膽小、害怕嗎？

字典上的定義或許是如此，但當我們不勇敢時，說出口的卻是繞了一個彎的「好困難」，想逃避的「做不到」，兩手一放乾脆「我不知道」。

2016 年他們首次登上可容納一萬多人的首爾體操競技場，演唱會結束幾天後，南俊冷卻了澎湃的情緒，寫下內心深處的體悟，他直白道出正視害怕的恐懼，也真誠面對心中脆弱的一角。而我們面對人生考驗時，不也每天數十次來回於喜悅與傷悲之間嗎？

恐懼究竟是什麼？有人害怕蜘蛛，希望方圓百里都看不見牠的蹤影；有人害怕地震，對大自然未知的力量深感畏懼。但是比起這些淺顯易懂、無時無刻能脫口而出的恐懼，我們更應該面對那些經過偽裝的懼怕。即為了做得更好、做到最好，或者不願讓身邊的人擔憂操心，迫使自己不能感到害怕，禁止表露恐懼的那份「自尊心」。

我們出於潛意識保護自己，偶遇人生難題時，用其他情緒表

述繞道而行，並從中得到他人的理解後抒發，迴避了核心的恐懼，換言之，我們也躲避了引發恐懼的主因。這份保護自我的潛意識機制，拉攏了其他情緒，使我們不知道自己實際上相當害怕，或低估了恐懼的程度，覺得只要對自己信心喊話並修正部分錯誤就能順利度過難關，換句話說，我們學會了「過度照顧情緒」。

不正視恐懼主因就能將其忽略，隨即繼續生活，內心不感慌張，大腦的理智也正確運轉，好像什麼事都沒發生般和平安寧，其實這股度過危機的安心感很可能是錯覺。當再次面對挑戰時，那份隱約騷動的不安仍會襲來，因為你的繞道而行，使它成為不定時炸彈。

那麼該如何直視恐懼？該如何分辨我們究竟是真正面對恐懼，還是又在習慣性地短暫安撫情緒呢？我認為是仔細思索最能引起劇烈反應，自己會反射性想出口駁斥的那些領域，抑或是深度檢視最感自信之處也是一個方法。通常防禦的城牆愈厚重，背後想隱藏的事物就愈脆弱。愈能侃侃而談的傷痛，並不一定真的已能坦然面對，可能只是透過疏離的方式避開濫觴之地。

請試著講述它、書寫它、表達它，包括家庭創傷的來由，扛

起重責大任的辛酸，面對經濟壓力的無奈，或者無法回應期待的不安，鉅細靡遺地描繪那份恐懼的模樣。這個過程可能很痛、很不舒服，但容我提醒你，恐懼就只是恐懼本身，即使它再龐大駭人，它就是你所能見的大小，而非腦中揣想的範圍。其他延伸出去的枝椏，皆是你因害怕所產生的幻想，別讓那些尚未發生的預測在腦海成真，練習確切劃出恐懼的邊界，區分現實的影響和憂愁的界線，那麼你口中感到害怕的事情，或許可怕程度不會降低，卻也不會徒增無謂的恐懼。

你清楚了與恐懼間的界線，也明白兩者的安全距離，代表你通過了正視恐懼這項最可怕的事情，那在那之後還有什麼能使你裹足不前呢？

☾ 莫莉的生活提案

- ☽ 照顧情緒可以，操之過急想讓它安靜則不行。好好哭一場、躲起來一陣子真的無妨。

- ☽ 具體描繪什麼情況下，你會如何感到害怕。例如對方提出要求，你害怕拒絕之後對方不再喜歡你，因此凡事有求必應，造成自己的困擾。

- ☽ 客觀審視人事物，太多的「我覺得」、「他應該」都是恐懼蔓延的時刻。

돌아갈 수는 없지만 한 번쯤은 그 품에 안겨
지금의 나를 위로하고 뜨겁게 달아오른 나를
차분하고 냉정하게 식혀주는 다방면의
파란 안식처가 필요했던 거죠 .

我們無法回到過去，卻能擁抱當下過度燃燒的自己，
讓自己安身在蔚藍之處，得到短暫的緩衝與寧靜。

2021.03.02 BANTANG Blog J-hope

成員號錫在 2018 年發行首張個人混音專輯《Hope World》，整張專輯色彩鮮明、活潑熱情，是將個人特色發揮至極的一份作品，其中最後一首歌曲為〈Blue side (Outro)〉，當時此首歌曲以短版的方式發行。

這首歌看似與他外向、樂觀的形象頗有落差，歌曲帶著沉靜、憂鬱、緩慢的節奏，如夢境邊緣稀薄模糊的記憶般，精準道出內心深處的自我問答。

時隔三年，他將這首曲子的完整版釋出，並在部落格寫下真實心境。他回顧當時埋首創作，交出第一張個人成績單，並望向三年前那個 24 歲的單純男孩。當時自己那般單純、稚氣，即使還有諸多不成熟，甚至不夠完美，但仍然鼓起勇氣，完整記錄自己的模樣。三年後，他帶著更加成熟的歷練完成這首歌，一字一句坦露內心憂愁傷悲的一隅。

人類一旦立下目標與方向，總是抱持著滿腔熱血，奮不顧身地奔走，為了實踐自身價值而付出。其目的可能是夢想、理想，或是金錢與名聲。

你我充實著每分每秒，只朝目標前進。然而我們都有可能在某個時刻停下腳步，無論是被迫或主動，在這些短暫停留的時刻，回頭一望，望見的不僅是當時二話不說出發的自己，還有那些路過、錯過的岔路。若我當時走進那些分岔路口，會是什麼模樣？是否將會成為截然不同的自己？

在那些回首的片刻，我們無法不去思考這些結果的可能性，但我們沒有人能真正回到過去改變任何一分一秒。那些過往的種種，堆疊出現在的我們，無論怎麼徬徨、迷失方向，或是懷抱愧疚走過某些轉角，我們都來到了此地，成為現在的自己。

有些人正經歷失業的空白期，有些人處在失戀的療傷期，一路上的失去與獲得，都在停留的此刻鮮明不已，難免檢討起不夠完美或坦誠的種種。但如同號錫願意以更加成熟的自我檢視過往，我們也能試著以更加包容的姿態看待曾經的錯誤或不足，以現在的自己為出發點，決定下一步的去向。

現在站在原地的你，即便無法改變過去，也無法預測未來，唯一能做的就是擁抱當下的自己，接納自己正處於惆悵落寞，接納需要暫緩的腳步，憂鬱、寂寞、後悔、檢討，這些負面情緒，從來都不是必須抹滅的存在，生命需擁有這些沉

澱的時分，才得以再次沸騰。也正因重新回顧，才能再次認
識那些有點不足，卻真誠無比的心。

莫莉的生活提案

🌙 接納夜深人靜時總會莫名哀傷、想起某事仍會掉眼
　淚的自己。

🌙 被負面情緒包圍時，試著離開熟悉的環境。轉換物
　理空間能幫助轉換心情。

🌙 停止心懷愧疚的人生，你可以選擇對凡事心懷感恩。

성장하게 되면서 가지는 무언가의 책임감,
그 책임감이 순수했던 우리를 철들게 하고
조금은 우리의 감정을 숨기게 하는 게 아닌가 생각을
했습니다. 하지만 아직도 우리는 그러한 감정을 가지고
있다고 생각합니다. 그러니 한 번쯤은 유치하지만
그런 감정을 표현해 보는 것은 어떨까요?
저는 그 하루가 오늘이 되면 좋겠다는 생각을 했습니다.

成長的同時，身上加諸了許多責任感，
那些責任感使我們開始懂事，
似乎也讓我們將真實情緒藏在內心深處。
即使如此，那些情感卻不曾消失。或許顯得幼稚，
但有時讓那些真實的情感表現出來如何呢？
我希望那一天就是今天。

2020.12.24 BANTANG Blog Jimin

我不該像個小孩般任性，我長大了，即使不是很厲害的大人，但至少不能像以前那般幼稚、胡鬧，我要對自己負起責任，就算還不用撐起一個家庭，或是負責另一個人的人生，但起碼要對得起我自己。

當遇煩悶瑣事、挫折失敗時，我們對內心的喊話應該或多或少離不開這些字句。

責任感可能來自經濟壓力，可能來自他人期待，也可能源於自我期許。責任感如一道推力，使曾經只想坐在地上哭賴的孩子獨自站起，並擦去眼淚往前行走。它是一股強大的助力，督促我們獨立，訓練我們擁有自信。

對某些事情負責，彷彿代表你擁有了勝任這項事物的資格；身上肩負責任，使我們覺得被重視、被需要，得以證明自我的價值，成為值得被他人信任的大人。

但當我們闊步成為大人的同時，內心的小孩其實不會真正的消失，**我們並非將內心的孩子訓練成大人，而是使內心小**

孩與內心大人的聲音達到平衡、協調，雙方的存在都不該被無視，沒有誰比誰重要、也沒有誰該取代誰的必要。然而內心的孩子，那份代表純真、不足、脆弱、害怕的聲音，總在好勝心下被掩蓋，我們總想做得再好一些，再表現得更出色些，那一點一滴的逞強，使內心孩子能表達意見的範圍逐漸縮小，甚至漸漸被噤聲，最後把這些情感藏在心底，只表現出堅強的一面。

關照那些真實的情緒並不代表你是個懦弱的人。智旻在聖誕夜發行了自創歌曲〈Christmas Love〉，描述天真孩子迎接漫天雪花的雀躍，並回想小時候賞雪時純真的心，希望透過這首歌喚起大家曾經單純感到興奮的那些時刻，以及只是對於美好事物有所期待的心境。歌曲的直率歌詞流露對於節慶的期待與歡騰，那是專注於現實考驗的我們最容易疏忽的美好事物。

他靠著不停歇的練習與謙遜之心累積自身實力，追求更高的藝術境界，想必對於現實與理想間的差距有更深切的感受與自省能力。然而這樣對自我苛刻，渴求完美的人，卻在心境成熟後寫下了這首純真且真摯的歌曲，傳遞他的真心，意味著他走過那段內心大人與內心小孩間的掙扎，逐步摸索出兩

者間相處之道，找到心中的自在平和，因此將這份領悟帶給了世人。

表達真實的情感，不會讓他人對你失望，反而讓對方能看見你真實的輪廓，發現你並非無堅不摧的機器人，你也是會憂愁傷感、會如孩童般天真嬉鬧的人。在彼此內心溫度相近之下，人與人方能相互靠近，共享心最真實的溫度。

莫莉的生活提案

🌙 我們都可以幼稚，就像小孩懂得把需求夾雜在哭聲中吶喊，你也可以。

🌙 率先坦承自我，是建立交心橋梁的開始。

🌙 表達脆弱情感時，別過度審視對方的回應是否能安慰自己，變得患得患失。

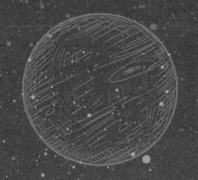

Chapter 2

低谷飛翔

울어도 돼 혼자서만 안 울면 돼 .

可以流淚，但別獨自哭泣。

2020.07.18 BUZZ RHYTHM 02 SUGA

其實回想從小時候至現在，在他人面前流淚的次數少之又少，甚至在父母前哭鬧的記憶也寥寥無幾，那股必須從小就獨立，不倚賴他人的念頭，大概自我有記憶以來就深植大腦。往後無論遭遇再難受、再不舒服的事，我仍會壓抑淚水，或是躲在房裡偷偷哭泣，甚至哭泣時也不願讓別人發現，用文字笑嘻嘻地與友人談天，螢幕上是無數個笑臉，臉上卻滿是淚水。

這究竟是堅強，還是倔強，或是不願示弱的偽裝？告訴他人自己正在傷心難過，好像比坦承自己犯錯還要困難。哭鬧是人的本能，我們卻在長大的過程漸漸將其視為懦弱，或是與他人求救的訊號。我們為了不麻煩他人照顧自己的情緒，也不願讓自身的悲傷成為他人快樂前的顧慮，因此獨自煎熬，把悲傷圈起，放在心底。

我們都不是打從一開始就追求完美，大部分的人皆是從努力看看，盡力做到，求好心切，想再更好，進而奮不顧身追尋自我能力的極限。歌手的工作更是如此，追求藝術極限的突

破，可說是畢生的目標，理所當然會更加執著於出色的表現與作品。但遇到挫折後的沮喪，事與願違的委屈心情該何去何從？

楨國是團隊裡年紀最小又才華洋溢的成員，舞台上短短幾分鐘的表演，其實背後是大量的練習所堆疊出的血汗。他總是以高標準審視自己，更是場場演唱會都進行徹頭徹尾的彩排，不容許任何閃失。這個追求極致的個性或許也在不知不覺中讓他想將脆弱的淚水收起，盡量以調整好的狀態與他人互動。

這樣的堅持成員們也看在眼裡。有一次出演節目時，楨國提到最近不常哭泣了，玧其則是默默在旁，輕聲說了這句看似雲淡風輕的回應：「可以流淚，但別獨自哭泣」，這句話雖平淡，卻蘊含著強大的力量。人類本來就該被容許悲傷，不僅是與生俱來的本能，更是自癒的機制，別把這樣的情緒視為不應該，與他人共享或許也是舒緩情緒的良藥之一。

朋友、家人、親密關係，這些人一旦願意與你建立關係，即代表他們願意試著接納你的一切，同時他們也希望你給予信任，嘗試開口坦承自己的脆弱之處。即便雙方都不是諮商專家，但光是擁有這樣的存在就已經足夠。曾有一位朋友對我

說，她知道我追求完美，不擅長示弱的個性，或許在我苦惱的過程中無法提供幫助，但她願意在迷宮的出口處，提著燈火等我，其實這份陪伴的力量就足以讓人度過難關。

哭泣時，就算哭得泣不成聲，也別忘記有人願意陪著你跨越這個難熬的過程，只要你願意讓任何一個愛你的人知道，他們對於你的真誠都將以真情回報。

莫莉的生活提案

- ☾ 注意自己有沒有受委屈後往肚子裡吞的習慣。
- ☾ 回想自己上一次哭泣是多久以前的事情。
- ☾ 難受時，將手放在胸口，試著表達這份抽象的痛楚。

가시덤불도 파도도 많이 쓰리겠지만,
우리 마음 깊은 곳까지 상처 낼 수는 없을 거라
저는 믿어요.

荊棘遍布與噬人浪濤雖使人滿身傷痕，
但我深信我們心中仍有一隅將不被侵蝕。

2016.01.24 2nd MUSTER RM

「縱然悲傷或困境盤據我們左右，仍希望作為人生之人質的我們，能比起過往，帶著更多微笑往前邁進。」

南俊親筆寫下了這封給歌迷的信，並在見面會上公開。這是一段帶有他特有溫柔與思維的真心話。

人生的人質，無論是歌詞或平時的言論，他經常提及這個獨特的形容。雖然他從未進一步解釋這個詞彙，但或許已經融入他創作的歌曲之中。

我們是一個受生命、時間、環境束縛，在不可抗拒力之下活著、走著的「人質」，沒有掙脫的權力，同時也沒有能力真正自由。一打開雙眼，沒有任何事情能阻止時間的作用，以某個角度來說，我們是人生的人質，受時間的奴役，履行身而為人的義務。

然而就算我們是人質，你我的命運就只有充滿悲劇、現實殘酷的篇章嗎？為什麼南俊清楚明白自己是人質，還能進行音樂創作，並勇於面對每次的挑戰，不斷在生活中找到全新的啟發呢？

在受到重重阻撓，磨練意志的環境之下，我們備受考驗，時不時懷疑自己的能力，不得不接受身為人質的無奈。或許有些人覺得難以支撐，於是倒地不起、選擇被動屈服，不過所謂的「人質」或「困境」皆是外在賦予的標籤和框架，我們的心智是能與其隔絕的，即雖然會受到影響，卻並非單方面接受，而是雙向來回的通道。無論如何受到迫害，內心那不被侵略的一隅，或許是我們的意志，又能稱為信念，那股清楚知道自己是誰的信念。

了解自己是誰，明白自己為何而活。屢受挫敗時，那股促使你前進的動力來自哪裡？是對未來的期待，還是不願屈服的毅力？**心中不被吞滅的那一處，有些人稱為初心，有些人稱之純真，對我而言那是對自我的相信。**對南俊來說的真實意義，透過他的作品大家擁有各自的見解，從他的音樂信念中，我感受到的是真誠且不愧對每個瞬間的坦然，以及在舞台上享受歡呼的時分；那彷彿在野花間展開雙臂擁抱自然的時刻，似乎都源自內心那塊不受紛擾之地。

無論究竟為何，保有那一塊內心的空白，也像是最無堅不摧的核心。那塊中心點，雖然渺小但真實存在，猶如你我那即使身處漆黑仍發亮的目光，能是最後的歸屬，也是一切的起

始。

即便你我是人質，一輩子無法真正與時間分離，但認知到自我本質的情況下，就算活在被時間奴役的環境中仍能享有自在的人生。

或許說來有點像是自我催眠，但良善的生活方式原本就沒有好壞與對錯，只是其帶來的影響能否讓你有更快樂的感受。認識自身本質後的釋懷與接納，就是相信自己的動力。

莫莉的生活提案

- ☽ 不想放棄的念頭有時很簡單，甚至只是肚子餓了想吃飯。抓緊這些想繼續活到下一秒的想法。
- ☽ 訓練自己每天早上想著今天將是快樂的一天，別帶著鬱悶的心迎接早晨。
- ☽ 播放〈2！3！（仍希望有更多好日子）〉，從歌詞中得到力量。

무너질 거니, 무뎌질 거니.

選擇被擊潰或麻木。

2014.03.22 Twitter RM

人應當奮戰至最後一刻再倒下，還是選擇無動於衷，與一切成敗擦身而過？

奮戰至最後一刻聽起來很累人，甚至有些誇張，無動於衷看起來又太過淡然。如果對於結果毫無眷戀，那當初為何要開始呢？

這看似有些偏激，甚至帶有矛盾的意識形態，其實經常在我們身上發生而不自知。

南俊是個擅長玩文字遊戲的詩人，無論是韓文或英文，他總能用獨特的視角觀察語言本身的變化，並用別具特色的巧思將美好的訊息融入其中。這則推文是他與韓國詩人河相旭的切磋競賽，運用雷同卻不同的字詞，變幻出值得咀嚼深思的韻味。

他運用「擊潰（무너지다）」與「麻木（무뎌지다）」這兩個音形相似的詞彙寫成短句，而這兩個字詞表喻截然不同的意思。擊潰、崩潰與遲鈍、麻木，可引申為人面對挫折時可能出現的兩種反應。

面對困境時的消極反應，並非坦然面之，而是逃避。無論大環境給予何種刺激與攻擊，都呈現麻木不仁的狀態，既沒有受傷的感受，也沒有危機意識，像蒙眼並自願走進地雷區，對於可能的災難漠不關心。這般失去熱情與動力的態度，不僅引來危險，也會使自己在盲目之中失去許多事物。或許有人會提出異議，認為誰會自願走入火坑而不跳開，誰會甘願受罪，甚至毫無怨言？

事實上你我可能都曾經如此，甚至現在也持續著。更可怕的是沒有人從外在逼迫，而是我們自願的。想想在通勤過程中那了無生氣的臉龐，摩托車鏡子裡映照的空洞眼神，捷運車廂內目光只盯著手機，不用抬頭就能魚貫走至月台排隊上下車的那些情景。回想看看，你是否不太記得今天是怎麼起床並抵達公司，甚至不知道今天一整天在忙碌些什麼。對現實流逝毫無感知的你，不正是處於麻痺狀態嗎？

賺錢的壓力使我們遲鈍、失去熱情，上司的威嚴使我們無法表達、忍氣吞聲，種種因素讓人不得不以逃避的方式放下某些堅持，換取適者生存的資格。

起身面對不是叫人成為反抗權威的一員，而是應當清楚意識自己身處何方，面對何種不平等的待遇。如同南俊在介紹新

專輯《Indigo》的直播中說過，他不希望大家對於歌曲只有「還可以」或「差不多啦」等模糊評價，他更希望每個人能明確區分好惡，這樣我們才能透過生活中喜好的辨別，清楚得知自己的調性，進而以明確的態度過每一天的生活。

別以疏忽的心態面對現實的巨大壓迫，即便短時間內無法改變困境，也別讓自己以麻木之心容忍現實胡亂入侵。被擊潰的前提，是曾努力奮戰過。立下你的底線，**不使自己盲目退讓至失去生命的掌控權。**

莫莉的生活提案

🌙 將注意力放在每個行動與話語，保持「覺察」的狀態。

🌙 除了寫日記，也可以用口說的方式分享自己的一天，愈細節愈好，幫助大腦與現實連結。

🌙 擁有明確的喜好不是難搞，反而是清楚知道自己要什麼。

슬럼프가 오셨을 때는 '나는 무엇인가?'에
대해서 조금 더 집중을 해보셨으면 좋겠어요.
가장 소중한 게 나다 보니까 나한테 조금 더 집중을
하시면 헤쳐나갈 수 있는 방법이 있지 않을까요?

我認為陷入倦怠時，可以更專注於「自我」。
最重要的就是自己，因此若能將注意力放在自己身上，
相信能找到緩解之道。

2020.04.25 蜜 FM 06.13 SUGA

每年迎接出道紀念日，玖其所主持的《蜜FM》總是大家最期待的一環。有別於以往的影片形式，2020 出道七周年時，他化身為真正的電台主持人，用純聲音的方式進行廣播節目。節目中，不僅訪問成員們，也回答聽眾的來信，每一集皆能聽到歌迷各式各樣的憂愁與苦惱。玖其用他獨特的智慧回答問題，並在節目尾聲用迷人的嗓音和用心的結語向聽眾道別，撫慰疫情時徬徨無助的人們。

當時有聽眾提到關於「倦怠」的議題，這個問題是演藝圈的歌手，尤其是創作型歌手們經常來回經歷的課題，因此讓人更想深度思考他的回覆。

職業倦怠、提不起勁，想笑時即使勾起嘴角，卻很快在下一秒垮下雙頰，那種無力感，經常在某個瞬間冷不防地降臨，讓人無從招架。陷入倦怠時，我們一開始會出現困惑的情緒，不明白自己哪裡出了問題，只覺得全身無力，想逃離上班地點。再來會不自覺燃起怒氣，與同事空洞的對話讓人心生厭煩，下班前幾分鐘的空檔如窒息般難受。之後我們可能

會開始究責，貶低自我、責怪自己為什麼失去熱情，自問從前那個勇於做出成就的人去了哪裡。最後因為找不出原因，選擇放棄、逃避，陷入無止境的倦怠期。

這樣的循環時常出現在我們的生命中，我認為無須過度恐懼或拚命閃避，其實面臨並且經歷過反而是件好事。玧其的回答提到「專注自我」的概念，他認為無可奈何的事情來臨時，更應該向內思考自己到底是誰，因為失敗或過關的人取決於自己，因此更應該專注於自我，才能找到度過的方法。

外在的環境、時間彷彿停滯不前，我們能藉機思考自己是誰，換個角度思索，這也是一個緩衝休息的時機。試著審視內心，先從過往的自己看起，我不希望你將重點放在自己做了哪些備受肯定的事蹟或偉大的成就，而是端詳那些曾跌撞過的時分。當時經歷了哪些心境的變化，什麼事傷了你？你又是怎麼再度前行？然後再望向眼前的無力情況，現在的你與當時的自己有什麼差異？無論是情緒或當時的反應都再次細細思考，有時會發現自己好像一再陷入類似的輪迴，有時也會發現困境的難易度隨著次數提高了。

這些再次檢視自己的時刻，看似不是解決眼前無力感的方法，甚至是只專注在黑暗裡，沒有勵志或勉勵的效果，但實

為另一種契機。我們從中細數生命的過程，回想起那些快要忘記、有些灰頭土臉的畫面，你會想對當時的自己說些什麼呢？當時的自己看見現在的你，又會有什麼想法？當時你覺得末日已到、窮途末路，終究還是活著走到這裡。**回想起黑暗的時光，更能提醒自己，再怎麼窒礙難行的路，終究能安然度過、活在今日。**

試著連結不同時期的自己，與之對話。玖其也在混音帶裡回顧過往的自己，並且變得更加從容自在，相信身處倦怠中的你我，也能藉此找到緩解困境之道。

莫莉的生活提案

🌙 與過往的自己雙向對話，試想他會對你說什麼，你又會對他說什麼？

🌙 區分心理倦怠與身體疲憊的方法之一：獲得成就感時，你快樂嗎？

🌙 持續做，任何事都好，可以減速在地圖裡尋找方向，但別讓自己完全停駛。

나날이 좋은 날입니다.
슬프면 자전거를 타자구요!
저도 늘 그럴게요.

日子將會好轉。
悲傷的話，就踩著自行車出門吧！
我也會經常這樣做的。

2021.06.07 BANTANG Blog RM

讓自己不再傷心難過，走出負面情緒的陰霾，似乎是我們一輩子的課題。隨著每次挫折的力道與層面不同，以往建立起的應變能力不一定能派上用場，在這段難熬的過程裡，我們能怎麼和負面情緒或壓力好好相處呢？

在〈Bicycle〉這首歌曲中，南俊與歌迷分享了他最喜愛的興趣——騎自行車。他熱愛騎乘自行車，無論春夏秋冬，經常能看見他分享到漢江騎車，或是收到自行車禮物等生活紀錄。騎自行車對他而言是最接近平凡日常的活動之一，他也時常騎乘自行車上下班。這個媒介讓他在忙碌的日程中找到得以沉澱自我的時刻，同時清空腦裡雜亂的思緒。如歌詞提到「就算有悲傷的事也無須過度煩惱，只要腳踩踏板，張開雙手迎接微風便能釋懷」。對南俊來說，騎乘自行車所獲得的自在與安心感，幫助他處理負面情緒，不僅對健康有益，也是舒緩內心鬱悶的方法。

排解情緒的方式因人而異，有人喜歡與朋友聊天、逛街走動，有人喜歡在個人空間裡聽音樂、看影片。與他人講述，

或是寫日記、記錄在社群平台等屬於「傾訴型」的排解方式，即透過統整思緒、抒發於外，在過程中獲得同理或支持，進而降低內心壓力；而看影片、看書，或是旅行、逛街、騎車等等，則屬於「冷卻型」的排解方式，將運轉過熱的腦袋暫時擱置一旁，藉由外在的刺激獲得新經驗、轉移注意力，同時也隔出時空距離，讓自己喘口氣。**無論是靜態、動態，互動、獨自的形式皆沒有好壞，重要的是能否有效地排解情緒，而不只是讓時間白白流逝。**

檢視自己選擇的方法是否有效，可以從以下面向切入思考。我認為最重要的是保持「你、情緒與外在」的三方連結，便能有效排解情緒。傾訴的方式較好理解，我們親口訴說自身的感受（情緒），傳達給他人（外在）是最淺而易懂的三方連結；當我們選擇用冷卻的方式舒緩內心的負面情緒時，可以嘗試以「低密度」的方法連結情緒，再以「高頻率」的感知接觸外在環境。例如人們經歷感情挫折後，大多會選擇至異地旅行，過程中隨時可能不自覺地觸碰傷心的回憶，我們可以深呼吸，使自己抽離其中，降低深陷的程度，將注意力轉往眼前的風景及人事物，以更開闊的感知，留意旅程中意外的收穫。

南俊選擇騎腳踏車或是登山、走訪美術館,都是體現三方連結的方式,他也曾在節目《知道也沒什麼用的神秘人類雜學辭典》分享克服不安的方法就是深切探索自己,並努力讓自己的雙腳踏在土地上接近大自然,減緩徬徨的恐懼,讓自我與環境建立關係,築起情緒共享的橋梁。

試著思索你平時是如何排解情緒,若發覺某一種方法已經難以使自己快樂,不妨更換為另一種方式,或者深度檢視是否欠缺哪些連結,以及能做哪些改善,藉此找到與情緒和平共處的方式。

莫莉的生活提案

☽ 把三方連結全都寫下來,例如「你」、「被主管批評的心情」、「想打電話告訴好友」等具體事物。

☽ 試著打破生活的既定時間表與習慣的上下班路線,甚至是晚餐的候選名單。

☽ 身處都市接觸大自然毋須費時費力,看著天空或路邊的小花小草就很美好。

상황이 힘들 순 있으나
내가 나를 힘들게 하진 말자
내가 날 욕하지 말자 .

雖然情況可能惡化，
但別讓你成為使自己難受的原因，
別責怪自己。

2019.01.20 V LIVE Jimin

「噢，我又犯錯了，真笨。」

學了再多次的工作事務，還是會在某個失神的瞬間犯下錯
誤，不僅要面對他人的批評，內心也無法原諒自己的過錯。
往往最讓人難受的不是接受外在的失敗，而是承受不了心裡
的譴責。

責怪自己是個什麼樣的過程？你曾厭惡自己到什麼程度呢？

你還記得當眾人皆說沒關係，自己卻無法釋懷已犯錯的事
實，板著臉悶悶不樂的時刻嗎？又或是出糗後無法一笑置
之，直到睡前還在意著當時失態的片段呢？自責像是拿支鉛
筆，不停在白紙上描繪，欲找出看不見的盲點，但隨著力度
加劇，那支銳利的鉛筆可能會刮破紙張、戳傷自己。原本出
自進取的檢討，演變為嚴厲的過度苛責。檢討成了刺刀，刺
傷自己卻仍一意孤行。

智旻發行首支自創曲〈약속（約定）〉後，在直播中分享這
首歌曲的創作理念。歌詞中提到希望與心中的自我立下約
定，不再使自己痛苦，也不遠離或放棄自己，從今以後願意

成為光與影，陪伴每個時刻的自己。他也在直播中提到，這些話都是演出結束後想對自己說的話，他意識到追求高標準的自己，總是在舞台結束後急著檢視成果、檢討成敗，然而高度嚴苛的標準卻嚴重折磨著內心。

檢視過錯，從錯誤中學習並承擔責任是成熟的行為，但過猶不及。當這些錯誤、失誤以及令人惋惜的事情來臨時，比起隨即逼近自己，擺出責怪的姿態，在探究源頭之前，讓我們先挪開一些距離，讓出些許「寬容」的區域。**對自己寬容一些並非逃避，如果緊揪問題的根源可能會佔據得以改善的餘地。**

容許自己轉身環視事情的全貌，你會發現其實有時候，甚至大多時候，事態沒有想像中嚴重，反而加諸於自己的懲罰比現實世界所給的多出許多。擔心自己在重要場合說錯話，心心念念對方的反應，深怕被他人誤會，或是擔心公事上出錯後影響他人作業進度，遇到上述事件時，我們習慣性譴責自己造成他人不便，導致未來相處時面露尷尬，內心久久無法釋懷。

責怪自己所造成的傷害，並不會轉換為下一步的方向，只會讓自己在原地踏步。**寬恕自我後產生的積極想法才是改善現**

況的動力。

智旻覺察內心經常陷入自責的狀態，因此將這份心情寫成歌曲，並用勾手指、立下約定的可愛方式，告訴自己，也告訴他人，不應該怪罪自己，而是應陪伴自己的內心，一同面對可能突變的情況。我們也可以試著在錯誤面前，先伸出手接住自己，別因一次的錯誤就放棄第二次能做得更好的自己。

莫莉的生活提案

- ☽ 出錯時客觀檢視當下狀況，別讓情緒、感受主導你的想法。
- ☽ 以客觀證據肯定自己，例如受到的認可或取得的成果，這樣做有助於減少貶低自己的念頭。
- ☽ 永遠記得給自己第二次機會。

긍정적으로 노력하려고 하지 마 .

別費盡心思讓自己活得樂觀。

2020 IN THE SOOP 1 Jin

我偶爾會在社群網站上用開放問答的方式與追蹤者互動，也藉此讓大家抒發心情。我會以不一樣的觀點看待當事人的狀況，並分享從客觀角度切入的想法，同時也讓擁有相似煩惱的人能從中得到共鳴或啟發。當中最常出現的前三名困擾就是「難以正面思考」。

面對經常笑口常開，態度正面積極的人，我們總想問他為什麼沒有煩惱，或是為什麼能夠一直那麼開心。玧其在與碩珍談心的過程中，也問到這個問題，他表示自己想像碩珍一樣正面積極，卻很難做到，而碩珍則用他一貫的泰然態度回答：「樂觀並非努力得來，而是順其自然。別費盡心思讓自己活得很樂觀。」

樂觀與悲觀的定義相信每個人自有一套邏輯，但你可曾想過兩者之間的界線應為黑白分明還是彈性寬裕？

當我們替這些心情制定標籤後，會直覺認為轉換狀態需要經歷一段過程，像是搭車前需要經過月台驗票，不得隨意進出，大腦似乎也需要一段轉換期，否則難以用理智辨明現在

處於何種心情狀態，進而產生混亂。

我們似乎經常急著定義自己處於何種狀態，大於感受此時此刻的心情。一旦感知自己有些難受，會隨即否定這種狀態，想趕緊掙脫並讓自己開心起來。**但樂觀積極的感受，並非經過努力才抓取得到，情緒間比起「切換」更接近「流動」的狀態。**

某件事困擾著你，讓你不舒服，這時比起忙著找出逃離的辦法，更應該選擇讓心情放鬆一些，後退一步看看自己處於負面情緒時是什麼模樣。

對萬事感到不耐煩，甚至鬧彆扭，或者因氣到哭出來而覺得羞恥難堪，擁有這些反應的你都很正常，試著觀察自己的心在出現反應後的流動。哭累了會感覺肚子餓，冷靜過後那些丟臉的感覺好像也沒什麼可恥的，既然如此，試著別把自己侷限於負面情緒中。**情緒流動的速度並非重點，想快速讓自己歸位到快樂的狀態才是應當注意的強迫症狀。**

碩珍口中的順其自然也是如此，讓一切自然而然地發生，悲傷久了總會想開，快樂久了也會無感，出於強迫性的努力或追求，這些以外力刻意營造的情緒皆無法提供真實的感受。

讓我們練習允許情緒在心中自然流動、轉化，更豁然、更有彈性地接納個性裡實際務實或是柔軟脆弱的部分，**放下人生「必須」積極樂觀的制約**，感受情緒流動的過程才更加有意義。

莫莉的生活提案

☽ 放下「只要一陣子，我就會沒事的」等強迫念頭。

☽ 比起羨慕樂觀的人，試著學習保持自在淡定的態度。

☽ 回想上一次感受到負面情緒來臨的時間，太久遠或太近都需注意。

나는 내 슬픈 감정을 팬분들과 공유하고 싶지 않다.
좋은 것만 보여드리고 싶기 때문이다.
하지만 그게 음악이라면 얘기는 다르다.
평소 나의 행동으로는 공유하고 싶지 않지만
음악으로서는 보여드려도 괜찮을 것 같다.

我不希望在歌迷們面前展露負面情緒，
總是只希望讓大家看到好的一面。
但是音樂方面就不一樣了，
雖然平時我不會透過言行舉止顯露負面情緒，
不過藉由音樂訴說似乎是不錯的選擇。

2020.12.03 BANTANG Blog Jin

碩珍選擇在生日當天發行〈Abyss〉這首自創曲，歌詞描述真實面對心中那份憂鬱時的無助與渴望，並在部落格的文章裡提到自己身處負面情緒的模樣，讓許多歌迷在聽歌的同時也為那份坦率的真心動容。

如前面的篇章所提及，南俊面對負面情緒與壓力的處理方法是騎乘腳踏車、與大自然接觸，碩珍選擇的方法則是透過音樂，將自己的深層想法與製作人討論後填詞譜曲，呈現在歌迷的面前。

他們選擇了各自合適的方法，但我們都能從中看出自我、情緒、外在的三方連結。這首歌的歌詞以自我對話為主軸，因此能看到許多「自我」和「情緒」建立關係的模樣，同時也是大部分的人處理情緒問題時最困難的過程，畢竟抒發心情的管道多得數不清，通往內心的大門卻只有你能開啟。

與負面情緒建立關係聽來有些邪惡，甚至像是要聯手踏入更深不見底的泥濘，不過這就是事實。換個角度想，若你對它不理不睬，甚至不知道它長什麼形狀，又怎麼將它抒發於

外？假設我們陷入不被他人諒解，或是做得再多也無法得到賞識、無法達成預設期待的低潮時期，該怎麼與悵然若失的心情連結？

首先可以試著將其命名，或是給它一個居所，「地下室」、「鐵牢」、「颱風」、「暴風雪」都可以，並在觀察後定義它出現的週期。它可能經常伴隨憂鬱星期一出現，或是星期三下午固定舉辦的會議後會跑出來作亂。你給它的闡述越明確，就了解它越深，這與面對恐懼的方法相當類似，**都是給予其框架讓它不過度吞噬內心。**

接下來試著慢慢靠近它，思索為什麼這片狂風暴雨讓你如此不舒服，即便引起的因素是外在，但會有這般痛苦反應的是自己。越過一層層暴風圈、重重鐵門後，你會發現負面情緒的核心就只是另外一面的你。可能是脆弱得無法接受批評的你，或是怯懦膽小、質疑自我的你。

碩珍為何將內心的憂鬱形容成大海深淵，或許因為深潛入水的不易和在海裡無法傳遞聲音的限制，正像是他難以真實與內心對話的窒礙。

他選擇以陪伴的方式面對這項艱難的課題，即使不確定能否

觸碰內心深處的柔軟，甚至可能換來原地踏步，他還是想盡量多花一些時間與心靈相處，將心情寫成歌，並在嘗試過後將這份感受告訴他人。

我們的內心隨時會發生各種風暴與天崩地裂的事情，別畏懼任何好與壞的可能性，嘗試接近暴風的核心，踏進最黑暗的一角。只要不背棄心底的聲音，你將更毫無縫隙地擁抱自己。

莫莉的生活提案

- 🌙 就像「星期一憂鬱」那樣，找出時常感到不舒服的時刻，給它一個名字。
- 🌙 很常難過，但不知道自己在哭什麼的話，應該把專注力放在觸發點，而不只是顧著哭泣。
- 🌙 回想一天因何事而開心、因何事而鬱悶，這是觀察情緒的起點。

어쩔 수 없잖아 . 주어진 환경에 맞춰 살아야지 .

人生無法事事如意，我們要適應環境生活才行。

2018 BTS Bon Voyage 3 JungKook

排除那些巨大的考驗、突如其來的事件，最常干擾我們內心平靜的應該就是日常生活的瑣事了。那些無法改變的外在人事物所帶來的不便，往往導致我們忍不住想抱怨，怪罪水星逆行或天生運氣差，好像只要一天的開始遇到不順，接下來的一整天都不會有好事發生。

旅遊實境節目《BTS Bon voyage 3》在馬爾他展開，旅程中楨國與泰亨兩人在民宿外晾乾衣物，此時泰亨發現沒有衣架，一旁的楨國沉著地說出這句話，泰亨聽完也點點頭回答：「凡事都有理由的，對吧？」

「事出必有因」這句話人人耳熟能詳，只不過我們是否常直覺性地將這個「因」當成惡性循環的一環，把被五花大綁的自己困在迷霧中，以此懲罰自己呢？

我們都無法在人生旅程上隨心所欲，無法任由自己在想轉彎時轉彎，在想停下腳步時換取幾分鐘清靜的時間，我們像顆不得自由控制路徑的球體，只能讓外力推動自己。但太過執著於偏離軌道這件事，最後只會讓人看著原先的目標嘆氣，

忘了新路徑其實有著更多不同的可能性。

當時楨國自然而然接受眼前的現實環境,並大方順應情勢將手上的事情以現有條件完成。看似是生活中的負面插曲,卻以和諧的方式順利結束。相反地,如果執意想使用既定方式,因此嘟囔不停的人,插曲可能就此演變成一天中不幸的事件之一,同時也佐證心中「我今天真是不順」的惡性預言。

順應現實環境並非投降或是消極的表現。有時我們已習慣類似的做事方法,或者已經預設事情的發展走向,因此若中途出現差錯、發生變調,我們會感到不知所措,認為若走上了歧路,也會失去順著這條路繼續達成目標的機會。

這樣的想法也是舒適圈的體現之一。舒適圈比起大環境,例如公司、職位、學校這些顯而易見的空間概念之外,更經常埋藏在既定的做事方法之中,那些突然迸出的「意外插曲」就是提醒你舒適圈真實存在的小型警訊。

當這些小事件降臨時,無須過度反應,試著以寬心的視角看待。換個方向思考,這些瑣碎的事會發生,比起「因」更接近「果」,生命期望能滋養你,想教導你用更加自由寬廣的心胸接納非預測內的變化。試著以開放的態度內化且咀嚼

這些插曲，種下果裡的種子，使隨遇而安的成熟信念深根茁壯，用富有彈性的心情看待每一天，成就能夠自由變化的你。

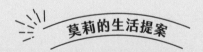

莫莉的生活提案

🌙 別急於替每件事貼上幸運或壞運標籤。

🌙 有時間顯現出強迫行為代表你很負責任，但有差錯不代表需要自責。

🌙 記得不是所有發生的事都是「因為你」。

인생이 계속 행복하기만 하면 그것도 힘들지 않을까요?
달기만 하면 쓴 게 먹고 싶고, 짠 것도 먹고 싶은 것처럼
왔다 갔다 하는 인생이 좋지 않을까요?

人生如果只有幸福快樂的日子，不會太辛苦嗎？
當一直吃甜食時，會想來點苦澀或鹹味的食物轉換味覺，
那麼有著酸甜苦辣交錯的人生，不是更美好嗎？

2022 Vogue 10 月號 V

✦

幸福對你而言是什麼？

是當下能開心展開笑容，還是待在喜歡的人們身邊，抑或是
每個無論是喜是悲的生命時刻？

2018 年的《防彈聚餐》影片中，少年們回答了帶有各自獨特
想法的答案。當時泰亨說道「幸福就是無憂無慮的時候」，
四年後接受時尚雜誌採訪，記者再度提及當時泰亨的回答，
並且問道「那麼你覺得幸福已經降臨了嗎？」他的回答更加
穩重，體現出日益成熟的模樣。

泰亨將幸福快樂的感受比喻為享用甜點，那份美好、甜蜜的
感受是生命中的糖，滿足心靈的渴求。不過當一個人的味覺
不斷品嘗單一味道時，任誰都會感到膩口與排斥，即使是快
樂的感受也會開始麻痺抗拒。

小時候許下的生日願望，是希望大家可以開開心心、沒有煩
惱，長大成人之後，生日願望轉為希望身邊的人能平安健
康。比起快樂，我們更想要每個人皆有平等的機會面對生命

中的喜怒哀樂，快樂不再是我們的首要目標，因為我們學到比起「獲得」快樂，重要的是懂得如何真正「感受」快樂的價值。

成長是一連串跌倒碰壁再爬起的過程。如果我們只專注在痛過之後得到了多少短暫的快樂或成就，那僅會像特效藥般來得快，去得也快，無法學會珍惜與知足。快樂不是長時間主動延續的狀態，考驗才是。宛如登山的路途遙遠艱辛，然而山頂的那一塊土地就是這漫長一路所換來的獎勵，如果我們只在乎那塊空地的榮耀，以及在空中飄揚的旗幟，那絕對難以成為同等價值來回報跋山涉水的血汗淚。

倘若我們拓寬快樂的定義，將前後的苦澀和淚水納入其中，並提高感受頻率，把一段旅程劃分為更細緻的階段，感受每個階段裡微小的酸甜苦辣，那麼這段路程將變得更加豐富有趣，總和的快樂值甚至可能高過攻頂瞬間的欣喜。

換句話說，**學會快樂的多種面貌，才能讓我們真正感受快樂的價值**，如此一來，懂得知足才能常樂。喜悅不是主動且持續的狀態，但卻是能藉由努力創造的產物。

在悲歡離合間保持開放的心，在陰晴圓缺時自由轉化情緒。

泰亨將當時認為拋開煩惱才是幸福的想法，轉換為自在迎接時苦時甜的態度。他體會到美好的人生是由層次豐富的情感交錯而成，以柔軟的姿態笑看，也笑忘每個可能是苦藥或甜糖的時刻。

莫莉的生活提案

- ☾ 思索對你而言「幸福」是什麼？
- ☾ 將觀察、評斷一件事的期間拉長，例如發生爭吵很難受，但透過事後溝通反而讓關係更緊密，成為一件好事。
- ☾ 有時候記性不用太好，別將以前受過的傷害或委屈時刻掛在嘴邊。

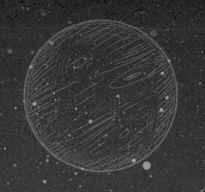

Chapter 3

透明夢想

꿈을 계속 쫓아가는 어른으로 있었으면 좋겠어.

希望我們是不停下腳步逐夢的大人。

2014 韓流 Pia Magazine SUGA

少年褪去稚氣，體悟現實的赤裸，過程中反覆受傷、失去珍貴之物，並在歷經一次次的割捨後長大成人。天真又美妙的夢想原本陪伴著我們，點亮我們對於未來的希望，然而虛幻不著邊際的夢，也在時間的琢磨下，被眼前可見的事物所填滿。孩子總喜歡看著天空一股腦地追逐，長大後我們學會專注眼前道路、躲避石子，衡量每條岔路的好壞。

韓國的成年年齡為 19 歲，而智旻在邁入 20 歲時，玧其給予了這句關於成年的建議。他說其實自己不喜歡被認作是大人，「大人」二字彷彿帶有既定的刻板印象，形容那些屈就現實、遺失夢想的人們。雖然以年齡計算能稱作大人，但他希望成為「仍繼續追夢，如同少年般的大人」。

一個逐夢的大人，聽來相當不切實際，畢竟不顧溫飽，再多的夢想都是奢侈的妄想。不過我們似乎比起排斥逐夢，更不齒前一步驟的「築夢」，好像從大人的口中講出我有夢想，或是我希望有天可以達成何事時，即會被當作是好高騖遠、天真爛漫的人。

我們是不是在築夢、逐夢的路上，因著不斷地跌倒和失敗，在不知不覺中將自己的無能為力架高成夢想的門檻，讓它看起來更遙不可及呢？甚至因為挫敗感，讓我們也不看好其他正在築夢或逐夢的人。在集體意識的影響下，夢想變得虛幻不實又不值得孤注一擲。

夢想，因為我們寄予厚望而偉大，但它本身從不狂妄。它能是平淡如水，單純期許迎接明日黎明的希望，也能是樸實無華，期待今晚有好吃飯菜的願望。它是透明的形態，隨你定義的未來，因此別抗拒夢想在人生中發揮作用的機會。

玧其直到現在仍是個持續追夢的人，或許不將夢想二字掛在嘴邊，但他的創作處處可見夢想的元素，無論是寄望明天的歌詞，或是期許寫出成為他人之助的音樂理想，也經常期許能以防彈少年團的身分，站在舞台上直到無法歌唱為止。這些平凡的「想法」，實則也是「夢想」。

心中懷抱夢想，持續追夢的行為，是對於下一秒的人生仍保熱忱與生命力的表現。**再平凡的嚮往，再普通無奇的盼望都有資格被稱作夢想。**「不停下腳步逐夢」同時意味著「別放棄希望地活」。即使困難重重、旅途艱辛，也別忽視那顆持續跳動的心與未曾停下的步伐，它們都是引領你邁向夢想的

一員。

讓我們試著築起貼切生活的夢想，對日常事物中的每件小事懷抱希望，逐步追尋且實踐這些細小的成就，那麼你就是位有資格勾勒夢想的追夢者，也是有能力實踐夢想的大人。

莫莉的生活提案

☽ 期待晚餐吃什麼、想像週末看劇一整天的快樂，都是希望的一種。

☽ 制定儲蓄計畫，目標是出國旅遊，相信這是最直接又實際的追夢。

☽ 別急著否定大膽的想法，科學家也是先幻想才能創造實物的。

내가 꿈을 이루면 난 다시 누군가의
꿈이 된다고 합니다 .

當我實現夢想時，也將成為他人的夢想。

2013.01.09 Twitter RM

「把自己活成一道光，因為你不知道，誰會藉著你的光，走出了黑暗。請相信自己的力量，因為你不知道，誰會因為相信你，開始相信了自己。」

—— 《用生命影響生命》泰戈爾

影響他人生命無須實踐多麼偉大高尚的作為，將你的人生活得充實、自在，就是最具影響力的事情。

防彈少年團不斷築夢踏實，站上世界級舞台，實現他們的夢想，並成為無數人心中的楷模，影響力不言而喻，以他們的經歷作為這句話的實際例子想必十分適當。現在回顧南俊在 2013 年的這則貼文，彷彿像是寫好的預言，等著他們一步步兌現。

反觀你我的人生，我們不一定是某一天會在世界上發光發熱的大人物，因此可能會認為這句話無法套用在自己身上，不過事實並非如此。我們都有資格，也都擁有機會幫助他人的

生命，要訣即是腳踏實地過好每一天，在人生中每一個全新的 24 小時內，帶有意識地過活。乍聽好像相當普通，也沒有任何勵志或正向的舉止，但這樣的生活方式就是最基本的核心。

「帶有意識地過活」意指清楚話語與行為的目的與後果，清楚明白自己每個當下的作為，而不是被腦海中的念頭所驅動。這裡的「念頭」更接近直接的情緒反應，例如我被某人激怒了，因此我要出聲反抗，捍衛自己的立場，抑或是我感到委屈，因此想放棄一切使我難堪的人事物，尋找下一個能讓我獲取安全感的環境。這些直接的情緒反應有別於理性的思維，它們會驅使你回歸慣性，阻止你跨越日常範疇，或做出通往未知方向的決定。

我們總是在兩道聲音中拉扯，因此「有意識地判斷」成了關鍵。在面對不合理的情況，幾經思量過後，提出與事實相符的論點，並且客觀表明自己的立場，這才是有意識地「溝通」。遭受誤解、有口難言、大環境導致窒礙難行時，我們應該調整方向，以積極的態度順應局勢或是勇敢轉彎，這才是有意識地「面對」。

這些明確的言行舉止，使你更加真實且實在，你所呈現的堅

定氛圍也能在不知不覺中影響他人。如同泰戈爾的詩篇以及南俊所說的話，這些無形之中的力量可以渲染周遭的人，當他看見你如何以扎實的方式實踐每一天時，他也一點一滴修正自己的人生，並且當他回饋給你時，對雙方而言那將是雙倍的感動、雙倍的力量。

請再次記得，別把實踐夢想或達成目標當作只會出現在他人生命裡的奇蹟，或者自認永遠無法成為他人的光亮。只要做好生命中每件平凡的小事，你就是最美麗的光點。

莫莉的生活提案

🌙 沒有人帶著十全的把握在前進，別因一分的不安就退縮。

🌙 逃避念頭出現時，記得理性判斷眼前狀況、辨別舒適圈的慣性。

🌙 嘗試自律的生活，改變是最有感的能量來源。

세상은 꿈을 꾸게 한 적도 , 가르쳐 준 적도 없습니다 .
그리곤 당신 탓이라고 합니다 .
하지만 여러분 탓이 아니에요 . 본인을 자책하지 마세요 .
힘들 땐 기대서도 됩니다 .
힘든 사람이 있다면 버팀목이 되어주세요 .
이것이 제가 음악을 시작한 이유입니다 .

世界從未使我們做夢，也未曾教導做夢的方式，
然後說著這一切都是我們的錯。
但這並非你的錯，請勿感到自責。
當你疲憊時可以依靠他人，
當你遇見難以支撐下去的人時，請成為他的支柱。
這就是我做音樂的理由。

2018 Dicon Magazine SUGA

成長過程裡，大環境總是渲染每個人都「應該」擁有夢想，但當我們邁入大學選擇科系，甚至再早一步的高中職選科時，總會聽到你「不應該」讀某科系或某一間學校等話語。畢業後總算能獨立選擇志向時，身旁的人也總說，你應該去進修、你應該選擇收入穩定的職業，像是公職、金融業、醫生或藥師，你不應該浪費時間、你不應該辜負好意、你不應該仍像個孩子般天真。

這個過程好像略過了什麼，我的人生好像被從中剪去一大段劇情，當以為終於能用自由意志做出屬於自己的選擇時，這個世界就大聲喝斥你違反了既定的運行軌道。即便順著父母、主管的意思行事，仍會被挑剔沒有新意，或不替自己的生命負責。這些應該與不應該的基準究竟為何？這些讓人無所適從的規範，使人陷入找尋答案的無止境深淵。最後，我們提著承受各方磁場而變得混亂的羅盤，責怪自己怎麼迷航失所。

玩其在雜誌採訪的最後，希望這番話可以成為咒語，激勵每

個在追尋夢想的路上遍體鱗傷的靈魂。

倘若不是我的錯，那是誰的錯？大人、環境，還是體制？我們何嘗沒想過要責怪他人，但只會被當成幼稚的表現，最後我們會檢討自己的能力與運氣。責怪別人會得到反作用力，而檢討自己就像重擊沉默的沙包。你會傾聽每個向自己而來的想法，無論好壞，因為你是自己最忠實的聽眾，同時也會帶來最苛刻的否定。

玧其在混音帶《Agust D》裡提到，無論是憎恨或出氣的對象，別無他人，唯有自己。他經歷過將刀鋒指向自己，痛苦萬分的時期，把當時的心境寫成直率坦白的〈The Last〉與痛苦過後再次期盼未來的〈So Far Away〉。

玧其走過深淵的理由，就是音樂，簡單純粹。他受訪時曾表示能熬過練習生、艱辛出道前期的唯一力量即是創作，他想寫出激勵人心的歌曲，如同他曾受到鼓勵那樣。玧其從他人的音樂得到幫助，所以期許自己也成為他人的支柱。

玧其 2023 年發行的《D-Day》專輯收錄曲〈Snooze〉，歌詞寫到他願意接住每位追尋夢想的人不至墜落，而當這些人度過難關、實現心願，來到彩虹的另一端時，他會莞爾一笑，

瀟灑放手讓大家用一己之力展翅高飛。自 2018 年的訪談至 2023 年的專輯，玖其始終抱持著相同的態度創作音樂，持之以恆地實踐自我信念。

因此請勿自責。我們可以修正軌道、補全不足，但別責怪自己。感到已經疲憊得無法支撐時，也別害怕麻煩他人，總會有人能伸手接住你。**當你能逐漸起身前行，有餘力環顧四周、同理他人時，也別忘記成為深淵中的那盞路燈，有人可能在漆黑的宇宙裡，依循你的燈光找回了原本的方向。**

莫莉的生活提案

🌙 求助與放棄是兩件事，一個是認同自身的不足，一個是放任。

🌙 依靠他人時，可以得到力量，但站起來仍是自己的工作。

🌙 記得告訴你曾依賴過的人，現在的你成長到了哪裡。

제 꿈은 현재를 사는 게 제 꿈이에요 .

我的夢想是活在當下。

2023.04.24 슈취타 (Suchwita) EP.9 RM

你的夢想是什麼？

小時候的回答大多是警察、醫生、烘焙師等偏向行業或職稱的答案；大學入學時則以科系為目標，期許以後的職業。畢業後、出社會，還有人會問你的夢想是什麼嗎？或者說，還有人願意開口再提「夢想」嗎？

這個詞變得虛無縹緲又不切實際，比起夢想，我們更專注於薪資多寡、同事相處、長官態度、未來職涯、轉職待業等種種煩惱。夢想似乎只是小時候對於未來的幻想，現在的我們比起滿足幻想，更在乎滿足眼前的需求。

玧其推出個人專輯後，由南俊化身主持人，玧其作為嘉賓，錄製《슈취타 (Suchwita)》特別篇《R 취타 (Rchwita)》，並訪問了玧其製作專輯的過程與心境。節目中提起夢想一詞，玧其問道「身為一般人的金南俊，夢想是什麼？」南俊則回答「活在當下」。

夢想是活在當下，意即南俊心中的夢不建築於未來，而是現

在。他表明活在當下很難，執著於過去與未來相對容易，但過去與未來由現在所創造，因此想活在當下。

活在當下的難處，每個人有所不同，有人憂愁曾經的苦痛或過錯，有人憂心未來的方向與安穩。難以活在當下最淺顯的例子，就是我們無法專注精神在眼前的某事，思緒飄往他處、分心亂想，造成意志與實際作為產生落差，這樣即是難以實踐「活在當下」的時刻。

明知道該做什麼，卻無法把握時間完成，將心思投射到過去或未來，甚至幻想的情節上，因為把自己留在未發生的故事最容易。那裡所有的人事物皆受自我意志的操控，過去的錯誤可以修改，並得到圓滿結果，未來一片光明，有著源源不絕的成就感。但眼前的現實，似乎一切都在違背自己、超出掌控，因此我們下意識想逃避，嘴上總掛著「那時候如果不……就好了」、「多希望以後可以……」，將所願所盼，分散在虛幻。

每分每秒把思緒抓回來並不容易，但也或許正因這份不容易，讓其成為可努力的目標。**我認為活在當下的關鍵在於「信心」。有充足的信心面對過去事情產生的結果，有扎實的信心迎接未知的突發狀況，且有強韌的信心告訴且推動自**

己，把握眼前的現實。

試著建立穩固強大的信心，面對陰影、確立「當下的存在」，以堅決的心同步腦中的想法與身體的感知，消弭身心靈步伐的落差。

防彈少年團相當強調「現在」的重要性，玩其在紀錄片《SUGA: Road To D-day》也提到，「過去只是過去，現在只是現在，未來也只是未來」。明確區分時序的獨立性，同時選擇可以掌握的現在，將所有力量傾注於可掌握的當下，確保自己的路是通往現在的這一天（D-DAY）。

莫莉的生活提案

🌙 為當下所做所為建立信心，反覆做足準備、勇於面對成敗。

🌙 經常難以集中注意力的話，要留意是否為倦怠狀態。

🌙 活在當下重要的是實踐，不管什麼事，做了才知道。

즐기다 보면 욕심이 나고 욕심이 나면
자연스레 성장하는 자신을 볼 수 있을 거예요.
즐기세요.

當你快樂時會想獲得更多，
如此一來，自然而然能看見成長的自己。
盡情地享受吧。

2014.08.14 Twitter SUGA

踏入新職場、大學入學第一天、培養新嗜好。

跨足未知領域的忐忑不安，總讓人畏縮不前。害怕表現不好或不知道該從何做起的慌張感，讓人不自覺想逃避，難以鼓起勇氣嘗試新事物。

有歌迷曾在 Twitter 上詢問能否給予想嘗試新事物的人們建言，玧其說道：「創作音樂並非難事，只要享受即可。」

儘管享受、不計後果，這句淺白的建議，其實蘊含了深厚的行為法則。當人開心、盡情享受，或想要擁有更多，皆出自本能上的驅使。例如一個人因為喜歡大自然的微風與寧靜，抱著隨興的念頭來到山間，時間久了後就想探索其他山林的美好。幾經嘗試，流過汗水、熬過肌肉痠痛，發現各處林野間不同的美好，進而養成爬山的興趣。

我們以好奇心開啟這扇門，在探索的過程中獲得細小的成就感。人類在獲得滿足感之後，自然會驅使大腦想要獲取更多，以此實現自我價值，甚至是自我超越。我們在挑戰與征

服的來回間看見自己逐漸轉變的模樣，甚至發現與嘗試前的不同，這樣顯著的改變即是繼續鑽研的動力。

因此「能否盡情享受」成為關鍵。訣竅在於「好奇心」與「放寬心」。

對一路上相關的人事物抱持高度的好奇心，延續前段的登山之例，你會好奇這座山的步道是否路況佳，海拔幾公尺，沿途能看見竹林、杉林，還是茶園，四季風貌又各自擁有如何的特色，是否有當地美食值得探索，身邊是否有朋友也蠢蠢欲動，可以一同輕鬆健走。試著把心聚焦在微小的事物上，用每個細節滿足探索的欲望。

而放寬心的重點在於將視角拉大，不過度關注目標達成與否或短期能否取得成就。例如試著不跟別人比較登山的所需時間、不設限每週必定要造訪山林以鍛鍊體力等等，用寬闊的心看待這些過度審視、檢討的行為，別讓自己成為最可怕的魔鬼教練，被自己的嚴格抹去了原本的熱忱。

輕鬆快樂時獲得的實質成就，或許比嚴肅看待時來得少，但獲得的續航力才是真正有效。

防彈少年團每次在舞台上跳得筋疲力盡，各個近乎虛脫倒

地，但他們仍能堅持超過十年的原因，正是因為熱愛舞台。創作音樂的過程何其痛苦，打開關於作曲歷程的影片，能望見每個人在電腦桌前絞盡腦汁，反覆揉掉寫滿的筆記本，但因為內心深處的熱愛，成了繼續創作與唱歌跳舞的動力。

發自內心的愛，才能如細流般永在。保持好奇心、過程放寬心、培養扎實耐心，如此一來，投入每項興趣或是夢想時，便能無畏能力不足或中途喪失興趣，找到能隨心所欲發揮的小天地。

莫莉的生活提案

☽ 放下對於成果的控制，「嘗試」本身就是一件愉快的挑戰。

☽ 害怕挑戰可能是因為生活模式過於固定，試著大膽調整一次日程表。

☽ 別再「可是」與「但是」，太多轉折點只會把自己困在原點。

여러분들이 후회를 안 했으면 좋겠어요 .
어떤 일을 하든 여기 있는 순간에도 후회를
안 했으면 좋겠고 항상 즐거웠으면 좋겠어요 .

我希望各位不要感到後悔，
無論何事、無論何時都不留遺憾地享受每件事物就好了。

2015.11.29 花樣年華 ON STAGE Jimin

後悔，對於當下的時間點過後所產生的否定。

感到後悔的人，除了後悔這項情緒之外，依事件的不同，有可能感受到羞恥、痛苦、執著、傷心。人們總說不要後悔，但似乎鮮少談論後悔會造成什麼影響。

倘若問他人或是自問，我對於某件事、某次重要場合的表現感到後悔，那麼所以呢？我被後悔吞噬、心生無助，但是然後呢？

聽到這種冷酷的問題，大多數的人或許會惱羞成怒，覺得自己要的並非解決問題的對策，而是一份同理心。不過換個角度思考，後悔一詞宛如句點，無法以任何方式延續事件、目標或緣分，那麼執著在一個句號，掛念無法回溯的來路，躊躇難以踏出的去向，又有何意義。

花樣年華 ON STAGE 演唱會，智旻懷著真摯之情與歌迷分享結尾感言。這場演唱會是防彈少年團拿下音樂節目冠軍，順利打出知名度，並創下出道以來最佳成績後，首次在韓國舉辦的大型演唱會，意義非凡。演唱會的尾聲，成員們幾乎

都感性地流下淚水。「花樣年華」一詞對於歌迷與防彈少年團而言，不僅是專輯或巡迴演唱會的名稱，更是蘊含所有人最為深刻、柔軟又懷念的詞彙。

智旻認為「不後悔過往的選擇，總能盡情享受」即是花樣年華的意義。

將這個寓意放在防彈少年團身上，他們熬過艱困的出道期，在嘻哈音樂與偶像音樂的相異定位間走出自己的路，漸漸站上國際舞台，並在重得喘不過氣的知名度與壓力之下，持續創作音樂。想必這段過程分秒都面臨選擇，但必須不後悔每個當下的決定，盡情享受隨之而來的苦或甜，才是真正的花樣年華。

遇到扼腕的事該怎麼面對，才不會讓後悔的念頭糾纏自己久久不放？我想最大的課題是「放下」。我們會省思、反省，在事情過去後發現原來還有更好的選擇；我們可以客觀梳理整件事，思考其他決定可能帶來的變化，但僅此而已。**將未發生的結果留在過去，別用未實現的事件指責自己，也別因可能本屬自己的成果在別人身上發光而怨懟。**

認同自己設想得不夠周全、判斷錯誤，或者錯失機會、造成

必須承擔的後果，並在擁抱不甘心、受委屈的情緒後，輕輕放下。試著接受這個不太舒服的過程，從中找到學習之處，並享受眼前的狀況。這樣的做法勢必不簡單，但我們可以一點一滴嘗試，你會看到所謂的「享受」，不是不負責任的行動，而是欣然接納生命每個瞬間的樣貌。

花樣年華，如花朵般盛開，燦爛的歲月。倘若我們能認同不盡完美之處，熬過破殼萌芽的苦痛，即能迎向繁花盛開的季節。

對你而言，花樣年華又是什麼呢？

莫莉的生活提案

- 試著改變對於享受的偏見。人沒有注定受苦，只有注定學習。

- 可以後悔沒有然後，但要接受有下一步。規劃該怎麼做比抱怨實在。

- 永遠的花樣年華並非口號，而是現在進行式。

허물없이 나를 최대한 보여준다는 게 얼마나
힘든 일인가 싶은데, 그래도 계속 하다 보면
진심이 통할 수도 있지 않을까 싶고요.
미련과 아쉬움을 남기지 않으려면 결국 해보는 거고,
하지 않으면 죽어도 모른다가 결론인 것 같아요.

毫無保留地盡可能展現自己是相當不易的事情，
但我認為持續努力，總有一天能傳遞真心。
若不想留下遺憾，就要勇於嘗試，否則到死也得不出結論。

2022.06.19 Weverse Magazine RM

《Yet To Come》專輯發行後，南俊在 Weverse Magazine 採訪中提及自身的藝術喜好和未來的音樂發展。在防彈少年團歷經十年的時光，開啟第二章之際，採訪者提到「全新的事物往往在語言無法規範的界限間出現」，他表示認同，並且表明將持續走自己的道路，手中的筆會畫出什麼圖案，必須繼續畫下去才知道。

無法規範的界限是個怎麼樣的領域或境界？即思緒尚未抵達，或說根本還沒想到那一步的地方。那麼蘊含新方向、新大陸的未知之處該如何前往？正是需要「持續、不間斷」的努力。南俊明白履行的難處，欲做到毫無保留與持續絕非易事，困難點在於我們很難有效說服自己。

我們不容易說服自己克服內心恐懼、放手一搏，也不容易說服自己遇到挫折時再起身繼續嘗試。與自己對話時，出自保護本能的聲音總會聽起來較為安全，也習慣要確保危險都消除之後再前進，否則粉身碎骨就無法另謀出路；做事總會有所保留，深怕稍有不慎，連自己全都犧牲。

有時候這份安全機制反而成了一種抑制。不是要你我不穿降落傘，僅擁有一份熱忱就奮不顧身往下跳，而是相信背上的降落傘可以救命，地上的草皮也足夠柔軟能接住你。

盡可能地將一件事做好，然後放手展現它，接納隨之而來的結果，然後持續地做。

例如你對自己的攝影有自信；喜歡寫些文字；喜歡分享穿搭、美食、理財心得；欲將腦中的創意與眾人分享，於是著手經營社群帳號。一開始會有諸多嘗試，無論是文字風格、照片呈現、搭配影音後的加乘效果等。而起步後會面對真實的數據，在度過蜜月期後，可能漸漸發現比起付出的時間與心力，成效卻不如預期。這時別黯然神傷認為自己不適合或浪費時間，更應該持續、盡力地嘗試所有可能並修正軌道，你的言行舉止會流露出美好的真心，總有一天能被發現。

「若不想留下遺憾，就要勇於嘗試」，意思是如果並非真的想清楚才放下執著、徹底斷念，而是因為屈就現實而不甘願地放棄，那麼就會變成遺憾，一份到死也不知道自己如果再加把勁、再累積經驗鍛鍊得更加成熟時，是否能得到收穫的遺憾。

人生的道路會通何處，無人知曉，要到了盡頭才知道，但在那之前，重要的是繼續走下去。倘若在此躊躇不前，這幅畫連完成的一天也沒有，無從抵達新事物會發生的未知領域。換句話說，無論是好結果還是壞結果，不繼續抬頭挺胸走，什麼事情都不會發生，從尚未來到變成不會來到了。

莫莉的生活提案

- 🌙 嘗試與挑戰並非無效率的盲目行為，反而是最快的直接驗證方式。
- 🌙 留意不敢嘗試是否是因害怕讓他人失望或看笑話，練習把重點移回自己。
- 🌙 想想那些曾經的遺憾，繼續猶豫就會再添一筆了。

Chapter 4

那些愛，
或更甚愛的 ___

하루를 사는 건 어쩌면 죽음에 하루 가까워지는 것 .
내가 여러분을 여러분이 나를 사랑하는 건 .
어쩌면 이별에 하루 가까워지는 것일지도 .

活過一天形同更靠近死亡一天。
我們彼此相愛的每一天，
或許也更接近離別的那一天。

2018.01.08 Fan Café SUGA

世界上沒有絕對的事，但唯一打破這項規則的是時間。時間的絕對性在我們的生命中發生作用，自出生後的每一天，我們都更靠近死亡一點，無論在生命的長河裡遇見多少人事物，與之共度、共享、共時，但在未來的某一天，一切終將歸零，那麼我們為此付出的心意，難道也形同付諸流水嗎？

為什麼離別總是與失去或掏空綁定在一起，像是命運註定的殘酷減法？離別確實替一段關係劃下句點，人與人的離別、人與動物的分離，相互的感情層層堆疊後，我們對這份情感產生依賴，納為生命的一部分，看著那些原本有歸屬的位置出現空缺，我們將其視為自己生命的缺角，理所當然會陷入落寞，像是被迫挖取生命裡最珍貴的一處血肉。

新年的一月，我們經常在此時許下年度心願，面對時間歸零後的重新計時，人類似乎喜歡在此時勉勵自己，立下一些期許與目標，期盼一整年的空白能填滿喜歡的色彩。

玩其在新年展開之際，留下這段貌似與新年祝福有些衝突的訊息。他是個對於「離別」有著獨特見解的人，總是侃

侃而談關於分離的想法，在他筆下的結束與離去，是撕裂（Tear），也是翱翔後的降落，他總能勇敢直視離別的作用力，不因痛苦而美化理應的傷。

這份願意大方討論離別的勇氣，源於內心的接納。我們的確每一天都在增長歲數，每分每秒面對可能比明天搶先報到的不幸，**但若我們心心念念終局的句點，將會忽略前方無數個美麗的逗號與驚嘆號**。比起害怕結尾，我們可以試著了解它，真正了解後才能接納，進而轉念。

這份失去並不代表你的生命出現殘缺，更不表示你變得不完整了。

那些你眼中的空位或缺角，皆是你人生中寬廣的空間與豐富的輪廓。如一片遼闊的草原，我們當然歡迎有人拜訪後愜意歇息、共度時光，但當人離去後，無須感嘆草原的寂寥，反而有機會好好整頓草皮，欣賞一望無際的風景。那些高低起伏的邊角，從來不是因為誰才能填滿，更不會唯有誰才能拼湊完整的面貌，你我的輪廓有著成千上萬種線條與形狀，所謂生命的缺角，其實都是無窮可能的面貌。

玧其在留言的文末替歌迷加油，祝福眾人新的一年快樂順

利。他明白離別可能的傷痛，卻改變想法，將失落化為繼續付出愛的推力。

讓我們試著轉念「離別」的寓意。**離與別，反而是加法，而不是減法，並非將人帶離生命，而是在過程中將更好的本質留下**，成為養分、築成地基、拓寬心的面積。在與親人、朋友、戀人、夥伴建立關係的同時，增添了生命的無限精彩，而當這些關係成為過去式時，加總的你已更加成熟。

明白離別的另一層寓意，才能真正無懼地擁抱更甚愛的美好。

莫莉的生活提案

- ☽ 若對於某人的離去感到空虛，那可能代表某種程度物化了對方的存在。
- ☽ 可以付出愛，但別投射執念，對方與你都是獨立個體。
- ☽ 把重點放在陪伴的時間，而非離未知有多近。

사랑이라는 말에 본디 담긴 증오와 미움을 빼고
온 마음을 다해 사랑한다고 말하고 싶습니다 .

我想將隱含在愛之中的憎恨與厭惡除去，
傳達那份全然的愛。

2015.11.30 Fan café RM

《花樣年華 pt.2》發行的當日在音源排行榜奪下實時第一名的佳績，南俊興奮地在 Fan café 寫下長篇幅的感謝文章，感謝歌迷成為改變他生命的主角，想將自己滿心的感激與愛意傳達給每位歌迷。

當我們傾心或在乎某人時，無論是家人、朋友或戀人，猶如踏進一場奇幻旅程，每分每秒瞬息萬變的情緒起伏，是魔法的降臨，也是兩顆心最猛烈的撞擊。人是多麼感性又纖細的存在，我們在感受愛的同時，也觸發一連串的情緒按鈕，讓我們開心、難過、忌妒、厭煩，如樹狀圖不斷向外衍生，編織成豐沛的情感表現。

然而這些豐沛的情感，有時會太過強烈，以致我們漸漸無法將焦點放在最初始的單純心意。你可能欣賞戀人的責任感，卻也因那份固執感到落寞；你可能喜歡朋友的開朗，卻也因那份活潑感到忌妒。對於歌手而言，最依賴歌迷的支持，卻也最害怕下一秒失去掌聲。

「如果愛與恨是同義詞，I love you Seoul，如果愛與恨是同

義詞，I hate you Seoul」── 〈Seoul〉

南俊經常咀嚼愛與恨的一體兩面，也在歌曲〈Seoul〉中描述對於首爾的喜愛與反感。

往往愛的最初動機，就是殺傷力最強的反撲。讓我們試著用理智掙脫愈愛愈恨、愈恨愈愛的循環，釐清混亂的情緒枝枒，才能真正看見最原始、真實的愛意。

信任的方向與模樣，會影響美好愛情逐漸失衡、變調，或者往更好的地方前進。當我們付出越多的心思在某件事上，等於賦予同等份的信任，同時期待對方的回饋，並預期共創的快樂會是什麼模樣。但在無法預測的現實因素之下，豐沛的情緒讓我們的信任產生動搖。像是在家庭關係中，因擔心家人的健康，出於善意的叮嚀卻成了令彼此厭煩的口角爭執；相戀的兩人由於無法全然相信對方的話語，進而加速不實幻想的蔓延。

太過在乎、過度替對方設想而造成的溝通不良，或者出於好意的擔憂逐漸演變為質疑，都可能使這份愛變得混亂，夾雜厭惡與倦怠，不再是單純無私的心意。放大檢視那些你感到厭煩、皺起眉頭的時刻，是否其實是因為不夠信任對方或無

法真正相信這份愛的力量，才讓不安有機會作祟呢？

試著相信家人能為自己的生命及健康負責，轉化你的擔憂為信心；試著信任朋友、戀人的真實心意，將你的猜測扭轉為祝福。

愛與恨為同義詞的轉換點，正是不信任展現之時。足夠的信任帶來穩定的愛，十足的相信使我們有勇氣去除愛裡的妒忌與厭惡，進而向對方傳達那份全然且完整的愛。

莫莉的生活提案

☽ 過度的擔心，有時源於控制的欲望及不信任。試著梳理自己與他人互動的模式，找出癥結點。

☽ 世上不存在「他沒有我，會不行」或「我沒有他，就不行」的關係，大多實為錯覺。

☽ 就像放手學自行車，我們也要放手讓所愛的人自行學習。

당연한 것들을 당연하지 않게 여기는 게
가장 중요한 것 같아요 .

不將當然之事視作理所當然。

2016 BTS Bon Voyage 1 RM

我們都知道不該將生活裡的「應該」視作理所當然，因此從小學會對凡事感激、待人和善，重視他人付出的「好」、報以回饋，促成善的循環，並努力在每一天裡知足常樂，珍惜微小的幸福，以積極的目光看待每件小事的價值。

那麼生命中的「惡」呢？生命中的惡意、挫折、傷害、壞運、意外，是該當如此還是不該如此？

當好意的價值被忽視時，會成為生命中的理所當然，讓人不知感恩，甚至愈加貪心。但當不好的事情在生命中作用時，我們似乎容易掉進陷阱，忽視壞事背後的價值，視其為人生中的理所當然，然後想著「我就是這麼糟糕才會遇上這種爛事」，並且沉浸在壞情緒當中，偶爾還自暴自棄。

好事與壞事即使樣貌不同，但若無真正認識深層寓意的話，通往的都是同一個埋怨現實的結局。

「認為壞事並非理所當然」聽起來有些抽象，舉例來說，如果護照在國外遺失，你會怎麼應對？當時南俊在北歐旅行

時遺失了護照，無法繼續連同其他成員前往芬蘭，他想到就連保管好護照的責任也不能想作理所當然，要以此為戒提醒自己以後不能再犯。面對無可奈何的結果，他淡然地苦笑幾聲，很快就釋懷。反之，如果將護照遺失視為理當發生在自己身上的事，可能就會疏於注意以後要多加保管的意識，反而將重點放在時運不佳。

嘗試撇開定義每件事的福禍，試著跳脫好與壞的標籤，選擇先看見事物背後的意義，把關注的焦點與層次拉廣加深至每一件平凡或意外的事，許多時候你會發現，事件的本質其實格外簡單，因為情緒與感受都是內在賦予的添加物。

來到生命裡的課題皆不是理所當然，也沒有人理所當然注定不幸或遭受不平等。

當事情在我們身上發生時，別忽略這份珍貴的際遇，重視每天視線所及之處、思緒所觸之地，打開覺知的雷達，每樣人事物及其背後所蘊含的影響都是有意義的存在。用積極的態度與知足的心去學習、包容，爾後釋然，當我們以開放的視角審視後，便能減少情緒的阻礙，以中立的思緒看待人生。

糟糕透頂的事並非理所當然，因此更值得把握時間，一探究

竟，畢竟人生是場絕無僅有的體驗旅行，把視角翻轉再翻轉
才不枉此行，對吧？

莫莉的生活提案

🌙 下雨可能不方便，但可以滋潤大地、增加水庫蓄水。
像這樣不把自己當作世界中心思考，很多事會更豁達。

🌙 生老病死雖然痛苦，但有時是我們排斥太久了。生
命的時程一直都在進行。

🌙 當每件事發生時，想想它的正反面，靈活看待每個
生命的變化。

사랑이라는 말보다 더 좋은 말이 있었으면 좋겠는데
진짜 정말 사랑합니다 .

若是有比我愛你更美好的話語該有多好，
我真的很愛你們。

2019.10.29 Speak Yourself [The Final] RM

愛是最難解卻又最單純的情感，彷彿將語文裡所有的形容詞冠放在愛之前都不會奇怪，但又似乎無論如何也不足以完全表述。

當愛上一個人、熱衷於某件事物時，你會怎麼訴說？又或者說，你想用什麼方式傳遞給對方？面對內心濃烈的情感，你能傾訴多少呢？

Speak Yourself 世界巡迴演唱會 2019 年於首爾劃下句點，當時我們還滿心期待＜ Love Yourself ＞的美好篇章結束後，即將迎接嶄新的敘事與啟發，渾然不知幾個月後就面臨衝擊全人類的傳染病，我們的時間被迫按下停止鍵，現在回想起最後那場盡情高歌歡唱，一同期待未來的模樣，似乎都已經變得模糊不清，比夢境還不真實，唯獨深刻的是那天與南俊一同流下的淚水。

「請相信我所說的，托各位的福，我才能走到今日，希望我們簡單的一句話、一句歌詞也好，能幫助各位愛自己。若是有比我愛你更美好的話語該有多好，我真的很愛你們。」

他一邊將手放在胸口，一邊用哽咽、顫抖的聲音說話，每一位在場的歌迷，甚至隔著螢幕觀看的歌迷皆被他的真摯情緒深刻感動。

這一段簡短的話語，沒有華麗的修辭，沒有精緻的反覆琢磨，卻使人深深動容，當時的感動甚至相隔好幾年也依舊未散。

當我們發現心中滿溢的情感已無言語能完整描述時，偶爾會慌亂焦躁，深怕自己生疏的表達無法真正傳遞心意，因此極力想拼湊更多詞彙，抑或在腦海中不停來回練習、修潤話語。這麼努力的模樣，都是以防詞不達意，造成對方的誤解，錯過珍貴卻脆弱的心意。

不過，每位內心懷抱這份輕顫、這份澎湃的人啊，你心中的愛，已是完整，無須任何排演，無須多餘修飾。不是沒有比「我愛你」更美好的話，而是當你站在他的面前，只要你全然真誠，那份心意無論用任何詞語、行動、眼神皆能完整傳達，那份飽滿真摯的心，將因你願意誠實而自然散發。

愛因誠實而飽滿，在行動裡發光，用真切之情表述愛，那麼超越「我愛你」的美好，就在眼前展開。

莫莉的生活提案

🌙 別拘泥於時機、地點、方式，隨時隨地都要表達感謝與關愛。

🌙 出社會後，可能難以經常與朋友見面，但可以隨時分享美食的消息，讓彼此對於相見的日子充滿期待。

🌙 別說「用行動表達就好」，既然這麼在乎對方，更應不吝於用行動加言語表示。

세상에 행복과 불행의 총량은 정해져 있는 걸까요 ?
그럼 제가 좀 슬프면 제가 사랑하는 사람들은
많이 웃었으면 그러면 참 좋겠어요 .

世界上幸福與不幸的總量是固定的嗎 ?
那若我悲傷一點時，我希望所愛的人能快樂一些。

2017.02.12 Fan café RM

黎巴嫩詩人紀伯倫曾言：「哀愁刻劃在你們身上的傷痕愈深，你們就能容納愈多的歡樂。[2]」

這個世界不僅光與影是一體兩面，喜與悲、笑與淚亦然。醫院裡有滿臉淚光、喜迎新生命的父母，也有滿臉淚水、送別親人的子女。那些曾是生命中最甜美的果實，都可能在日後成為最傷人的刀刃。即使我們想逃避這現實的道理，悲歡的總和仍必須對等，生命之秤才得以穩固。

時間回到 2017 年 2 月 13 日，那是你我心中最溫暖，又最溫柔的療癒歌曲＜春日＞正式公開的日子，歌曲中敘述承受思念無盡綿延的煎熬心情，但仍在寒冬中等待春日再來、櫻花盛開之日。歌曲公開的幾個小時前，南俊寫下這則文章，他期盼即使明知不幸的存在，仍別放棄擁抱幸福的機會，就算自己悲傷流淚，心想著此時此刻若有人是幸福的，那麼腳步似乎會變得輕盈，冷冽的空氣也不再刺骨難耐。

2. 卡里・紀伯倫《先知：東方詩哲紀伯倫唯美散文詩集》，趙永芬譯，野人出版。

當我們深陷痛苦時，有人選擇想著若喜愛的人能幸福，自己也能跟著快樂的渲染式思緒轉換，有人選擇期待歷經困境，熬過淬鍊的成長，等待黑暗過後黎明時分的漸進式思緒轉換。相信無論何種方式都能讓人產生勇氣面對孤寂又漫長的人生考驗。

我們多少有過類似的經驗，當自己因為雜事感到心煩，聽到朋友開心分享生活中的幸運好事時，那份欣喜之情也會感染自己，像是沐浴在陽光之下，心中的黑暗被他的快樂照亮。看著對方雀躍的模樣，內心的情緒由羨慕逐漸轉為豁達。人生的確事事不如意，但有這樣一位開心的麥克風不停在耳邊吱吱喳喳，好像也沒必要拘泥於眼前的困境，隨著他的語調與表情，短暫抽離自己的漆黑宇宙，進入那陽光普照的世界似乎也是不錯的選擇。

這種渲染式快樂，我認為是世界上最美好的關係鏈。悲傷的一方看似被動地受另一方影響，但其實不然，悲傷的一方先是主動「看見」，率先在不自覺的情況下開啟接收快樂的雷達，方能感受到來自他人的溫度。再者，傷感的人容易陷入「所愛之人快樂，我就快樂」的念頭，認為犧牲小我，完成大我的消極做法最適合憂鬱的自己，但並非如此。當你期許

他人得到快樂，並從中得到滿足時，那代表你並非單方面犧牲自己，而是願意讓除了自己以外的人得到喜悅，樂觀看待快樂種子在他人的生命萌芽，再回饋到自己的身上。

漫漫長夜似乎與無盡隧道一樣沒有終點，當沉浸在開心時光，也會有某一刻深怕即將面臨等量的悲傷。不過，別因此限制自己，即便幸福與不幸終將平衡，沒有例外與特權，但這座天秤只會傾斜不會倒塌。在傾向悲傷時靜心等待，藉由他人的反方向支撐得到力量；當傾向快樂時，輪到我成為對方的支柱點。**那麼就算幸福與悲傷的重量最終相互抵銷，人與人之間所建立的守護價值卻是無從衡量。**

莫莉的生活提案

- ☽ 帶著共有的意念，訴說快樂與悲傷，不將他人或自己設定為悲劇主角。
- ☽ 在關係中互相付出與給予，不計較誰先誰後。
- ☽ 或許真的有幸福總量法則，但如何看待挫折的決定權在於你。

사랑을 받을 자격이 있다는 것은 결국
양껏 줄 수도 있는 사람이라는 것 아니려나.

值得被愛，
不就代表你能付出一切愛人嗎？

2015.07.14 Twitter RM

你說，我沒有資格被愛，一生下來父母就不看好我，他們更偏愛其他的兄弟姊妹；你說，我沒有資格被愛，我一無所有，對於殘酷現實毫無防備，無從回報他人的心意；你更說，我不知道怎麼愛人，因為沒有人真正愛過我。

愛與被愛的資格究竟是什麼？值得與否的基準又是取決於什麼？

認為自己沒有資格被愛的人，通常對於自身的處境或條件缺乏自信，或是屢次在建立關係的過程中受挫，導致如今只想收起破碎的心，封閉自我，排斥與愛相關的議題。

被愛與愛人的先後順序堪比先有雞還是先有蛋。究竟是我們先被愛後，學習這項行為模式，才能夠在他人身上實踐，還是我們先義無反顧地給予珍貴的心意，才引起他人的注意，進而得到回饋呢？我想，愛與被愛並非一體兩面的相對關係，而是同時發生的相互作用。

有人會提出異議，因為小時候拼了命表現，為的只是希望父

母多看我一眼，卻毫無作用。努力地付出愛，但沒有被愛，一切是單方面的一廂情願，愛與被愛沒有同時在這段親子關係中實現。

像這樣「愛的單程列車」的例子不勝枚舉，不過我們是不是混淆了結果與開始呢？親子關係裡不受重視、親密關係裡不被珍惜，確實令人難受，不過都是「結果」。

遺憾的結果不代表不具有入場資格，像是選手輸掉賽跑項目，不代表下半輩子都不能跑步，也不表示他喪失再次起跑的資格。愛也一樣，我們過度害怕可能的結果，反而綁手綁腳，質疑自己愛與被愛的資格，甚至在無形中隔絕他人的心意。

「I live so I love」，南俊曾在〈Trivia 承 : Love〉一曲中這樣唱過。人（사람）、愛（사랑）、活著（살아）在韓文中的寫法與發音相近，表示人類活著的每分每秒都與愛脫離不了關係，無須資格、無關先後，我們的一舉一動都與周遭環境產生互動，最基本的生存行為也仰賴大自然，這些微小的收穫與付給正是涵蓋於廣義的愛之下。

你有資格被愛。能如此坦蕩直言並非自視甚高，而是你正呼

吸著空氣，參與地球一天的循環，且有體力翻動這本書，有意識地讓文字在你腦海發酵，這樣就足夠，這樣簡單的雙向流動就是愛，生命裡的每個時刻都是愛與被愛的實踐過程，別檢討或貶低自己能付出多少去愛人，願意參與對方生命的心意就是最珍貴的陪伴。

莫莉的生活提案

- 「觀察對方需求」與「表達自身需求」同為建立關係的第一步。
- 記得在一段關係裡，彼此的需求一樣重要，別委屈自己。
- 無須把愛定義得過於遠大，對他人的在乎就是愛的流動。

종교는 없지만 그 자리에서 기도했다.
어차피 끝은 정해져 있는 일, 끝이 있더라도
이 감정 이 마음 무뎌지지 말자고.

雖然我沒有信奉宗教，但我仍會祈禱。
既然人生會面對的盡頭已成定局，
只願我心不至麻木。

2016.01.10 Fan café SUGA

「無論發生什麼事，我總是表現得事不關己，不會展現憂傷，也不會過度開心，我活得如同父親般剛毅木訥。不過在難得的一次家族聚會後，我與父親兩人單獨坐在車上，他對我說『玧其，別活得像爸爸這樣。』我這才發覺，總是堅強、理性的父親也是個真真實實的人，會受傷、會難過、會開心，更是懂得愛人的人⋯⋯」

玧其那年，因為身體不適而無法站上舞台表演，這件事使他相當自責。那天他趁新年假期獨自重回神戶的演唱會場地，並在 Fan café 寫下這篇文章。即便已經好幾年過去，重新閱讀還是給人莫大的震撼。

如玧其所說，出道前期的他的確總是沉著理性，甚至帶著事事旁觀的氛圍，鮮少展露情緒起伏或弱點，早期歌曲也帶著抑鬱及沉重的憂傷。不過近幾年，他的眼神愈來愈柔和，臉上的笑也自然許多，無須多語，身邊的人以及歌迷皆能感受到他已懂得以自己的方式釋放情緒。換句話說，他懂得接納不足的自己，願意以有缺陷的樣貌去愛與被愛。

他的文章能引起我的共鳴，或許也是因為從中看見幾分相似的自己。總是退後百步遠觀事情發生，以理性、親切但保持距離的態度對待他人，是我已經習慣的生活模式，因為倘若一個人歷經多次離別，這些反覆經驗會使其「習慣」離別的疼痛，甚至可能在事發之前就預演完可能的離別場景。我們的個性有這樣打預防針的行為，是保護機制，同時也是人性。

這樣的防衛性導致我們的心變得遲鈍，驅使我們在傾注一切之前就想放棄，讓人不自覺出現「當我看著你的雙眼，想到的是我們會怎麼離別」的念頭。

我們都曾偽裝堅強、故作豁達，表現出不在乎關係的終結，或是盡量讓自己看起來很鎮定，以防他人發現其實內在缺乏自信。保護自己並非壞事，更不是鼓吹每個人都要摔得粉身碎骨之後才能明白愛的美好，而是希望你容許自己以不完整的樣子面對他人。

玧其能踏出覺察自我那一步的關鍵，在於他直視最痛苦不堪的回憶，從傷口中深切感受被愛的幸運與期望回報這份愛的渴望。就算結局已定，也不願心生麻木，盼用餘生努力擁抱所愛之人。

希望習慣麻痺內心或戴上理性面具的你我，試著仔細看看身上的痛楚，別懼怕他人無法接納你的不足，或擔心帶給別人麻煩，**我們要做的不僅是相信自己值得被愛，更要相信對方有勇氣愛你、接納你，讓有缺陷的靈魂們因真誠而共享溫度。**

莫莉的生活提案

🌙 理性與成熟是好事，但偶爾孩子氣不代表一定會造成他人的反感。

🌙 對待人事物保持熱忱，大方接受人事物在身邊的去留。

🌙 告訴自己「我值得接受稱讚與關懷」，才不會對於他人的關心感到排斥。

세상이 길은 하나가 아니기 때문에 그 길에서
지금 여기 계신 분들처럼 정말 수많은 저희 같은
사람들을 만났습니다 . 그들과 만나고 저희는 작으면서 ,
하지만 동시에 굉장히 커다란 한 행진이 되었어요 .
우리의 언어는 음악이고 우리의 지도는 꿈입니다 .
서로 다른 언어로 서로 다른 이야기를 노래하며
영원히 함께 행진합니다 .

通往世界的道路不只一條,
我們的旅途中遇見了許多人, 就像你們每一位。
我們雖渺小, 卻能共同開創出寬廣的道路。
我們共通的語言是音樂, 指引方向的地圖就是夢想。
我們講述著不同的語言, 歌唱彼此的故事, 一同向前邁進。

2020.10.10 BTS MAP OF THE SOUL ON:E RM

2020 年是防彈少年團出道七週年，「七」這個數字對於成員與歌迷都是極具象徵意義的數字，但當年卻也是疫情肆虐，人類最手足無措的第一年。在世界巡迴演唱會無限期取消的幾個月後，經紀公司將這場嘔心瀝血編排的演唱會轉為線上直播的形式，讓全世界的歌迷透過螢幕收看演唱會。

歌手們在競技場面對無人的觀眾席唱歌表演，陌生的形式、無奈的現實，那兩場演唱會使歌迷記憶深刻的原因，不僅是因看到許多首次以舞台呈現的專輯收錄曲，更是因為無法克服現實的遺憾。最後成員們在歌迷事先錄製的應援影片投影牆前一一致詞，南俊感性地告訴歌迷們這段真心的話語。

防彈少年團在世界各領域有著舉足輕重的影響力，從音樂產業到旅遊經濟效應，甚至哲學、藝術等領域的擴大傳遞，更激發世人關懷青少年族群的相關議題。

撼動世界需要多少個人的力量才夠，一個人嗎？還是七個人？改變世界的方法千百萬種，你的選擇正確嗎，還是他的選擇才對呢？

成員們這幾年在各式各樣的場合，甚至一有機會就會明白地告訴歌迷們，七名少年能走至今日，不是因為誰，而是因為歌手與歌迷所組成的「我們」，因著我們「一同並肩」努力，才能創造的奇蹟。

世界上每個角落的語言有所不同，有時講述同一語言的人不一定能達到有效溝通，身邊的人有時卻是離你最遙遠的人。**心的距離並非取決於物理距離，而是在於是否有願意大方接納相異、相差的真心。**

「我們共通的語言是音樂」，防彈少年團的歌詞總是寫進你我在這個世代所面臨的困境與掙扎，無論年齡、無分種族，他們用透徹的視角看見人們的苦痛，用歡樂或抒情，憂傷或振奮的曲風唱出你我心中的想法，使音樂跨越物理距離，成為心與心的橋梁。

在世界面前，在現實之下，人類是相當渺小的生物，一個人不足以改變世界，七個人也遠遠不足，但防彈少年團與ARMY能開創一條專屬的道路，正是因為我們緊密相依的緣故。

翻開我們的靈魂地圖，縱使迷路無助、遺失方向，如今依循

美好的音樂與舞台，以及引領方向的夢想，那麼無須擔憂去路，無論前進或暫歇，都是靈魂地圖最美的風景。

莫莉的生活提案

☽ 找出你與身旁的人共用的語言，可能是音樂、興趣或是彼此的無私陪伴。

☽ 感到徬徨時，找出以往的熱情所在，即便當時的熱情消退，但那時候的自己很耀眼。

☽ 用居住地、學校、公司、產業，或是喜歡過的興趣、運動、考過的證照等等，描繪目前為止的靈魂地圖，會獲得不小的成就感。

저희를 싫어하는 사람들은 늘 있었어요 .
저희의 잘못일 수도 있겠지만 아닌 경우도 많고 .
그만큼 우리가 메인스트림에 올라갔다는 반증인거고요 .
저는 아미분들이 그런 가에 반응을 하시고
일일이 신경 쓰지 않으셔도 될 것 같아요 .
그게 그 사람들이 원하는 거예요 .

討厭我們的人一直都存在 ,
雖然有時可能錯在我們 , 但大多並非如此 。
越多反對聲音的同時 , 也是我們成為主流的證明 。
我希望 ARMY 們無需在意那些聲浪 ,
因為那正是他們想看到的結果 。

2022.04.09 V LIVE RM

喜歡一個人的理由雀躍地講述三天三夜都不夠，但討厭一個人的原因卻一項也不需要，人類能夠毫無客觀依據就對某樣人事物產生抗拒、發出敵意。

防彈少年團成功在歐美音樂市場立足，每場舉辦在能容納五萬人以上大型競技場的演唱會，門票也是場場秒殺。他們用承載真心的音樂打破國界、跨越文化隔閡，感動我們的內心深處。但與此同時，這樣強大又耀眼的力量，也招致許多不一樣的聲音，甚至是帶有敵意的惡性攻擊。

身為歌迷，面對這些嘲諷的言語、扭曲事實的評論，或是看到應當秉持中立性的媒體卻帶頭煽動輿論時，不免心情受到波及。

明明是如此美好的事物，價值卻被刻意忽略，導致歌迷們往往想挺身而出，保護珍貴的事物、替歌手發聲，同時也捍衛自己所選擇的理念。有人對外提出邏輯分明的證據、釐清事實；有人向內安撫其他歌迷情緒，用柔性的方式使大家團結一心，

這些歌迷的付出，成員們皆看在眼裡。一直以來，他們面對外界不看好的唾棄眼神，更是從出道就備受歧視一路熬到現在，對於那些見縫插針的報導或同業的鄙視，成員們選擇用實在的音樂與舞台，做出最理性又有力的反擊，並用豁達的態度不隨之起舞。另一方面，他們也總是心疼歌迷是否會因此受傷，多次在直播裡安慰歌迷。

南俊在直播裡說道：「表達討厭是多麼輕而易舉的事」，短短幾個字的厭惡，對於話者來說可能只是一時的情緒抒發，但在聽者的腦海卻可能留下一輩子的傷痕。

那些出於忌妒、自卑的厭惡話語，最終目的並非得到合理解釋，而是要引起眾人的關注並藉以自我滿足。因此無論聽者如何強力辯解或是柔性勸說，對於惡的一方，其目的早已在你產生反應的當下達成，之後的行為都是徒勞無功。

這些惡意的聲浪雖然刺耳且無止境地出現，不過也如同南俊所說，愈多就愈是成為主流的證明。

當聽到不一樣的意見時，停下腳步審視、修正行為是成熟的表現，但也要抬起頭確認這些意見的出發點為何。究竟是出於善的建議或是出於惡的攻擊，**我們都要記得穩住自我的地**

基，不在逆風中因為固執而傾倒，而是有彈性地彎腰通過考驗。

莫莉的生活提案

- ☽ 聽到讓自己不舒服的話語，可以自省，但不要一開始就自責或責怪他人。

- ☽ 當聽到喜愛的人事物受批評時，試著理性辨別來源與原因。

- ☽ 我們可以表達意見，但目的不是改變或詆毀他人。

Chapter 5

並肩前行

스스로를 고민하고 고통도 받고 하면서
그런 것들을 세상에 더 좋은 방식으로 베풀 수
있는 1.1 인분의 사람이 되는 게 ,
그게 멋지게 나이 들어가는 방법이 아닐까 .

獨自思索、經歷苦痛後，
選擇用更好的方式對待世界、回饋社會，
成為 1.1 人份的人，或許這是帥氣的年紀增長方式。

2022.12.05 슈취타 (Suchwita) EP.1 RM

進入 20 歲、25 歲，漸漸來到 30 歲之後，與同齡朋友間最常出現的談話內容就是「我們已經不是小孩了」。我們已不是孩子，要獨立背負養活自己的重擔、懂得應對進退、對自己的所作所為負責。

我們好像明白該如何做才不會像個孩子，但我們知道該怎麼做才稱得上是大人嗎？

玧其所主持的訪談節目《슈취타 (Suchwita)》不定時邀請各方來賓，在小酌之際暢談彼此的人生。來賓含括資深主持人、大牌影星、歌手藝人等等，意想不到的跨界同台總讓歌迷相當期待能碰撞出什麼驚奇的化學效應。

南俊發行個人專輯《Indigo》後，成為節目開播的首位嘉賓，熟識超過十年的兩人，在訪談的過程中侃侃而談彼此的人生觀。在提及「大人」的話題時，南俊形容大人即是成為 1.1 人份的人，用比起自我更加豐盛的 0.1 人份回饋社會。或許這就是大人的定義。

人在成長過程裡，經過團體化、社會化的淬鍊，我們吸收、割捨，調整、選擇。累積智慧，培養獨立思考能力，不再只是依附他人的意思過活；我們也訓練自己的心智，在面對挑戰與挫折時，用寬闊的心胸包容錯誤，用從容的態度面對失敗。一路上充實自己的內在，去蕪存菁後成為一個有內涵的人。

當我們發現自己逐步養成負責任的能力，漸漸自認不再只是個孩子，成為了完整的「1人」後，跨過孩子、成為大人的契機，我相信就是發現自己身上多出那 0.1 人份的時刻。而成為大人的定義，即是發自內心甘願付出，願意在行有餘力時幫助他人。

這個 0.1 的刻度，雖然細小，一點也不壯闊偉大，卻能成為莫大的力量。0.1 的關心，能讓他人在脆弱時得以依靠、稍作休息，分擔對方的憂愁，能成為他再次站起的助力之一；0.1 的自信，能感染他人，傳遞你心中的美好思維，以柔軟不強硬的方式展現自我價值，不讓對方感受到威脅；而 0.1 的寬容，能讓生命更富含彈性，不過度退讓，也不苦苦相逼，在彼此理解之下，成就正向的人際關係。

願意為他人多加設想與付出的 0.1，不氾濫也不匱乏，對於

雙方皆是恰到好處的份量。如同南俊於節目上所說，大人（어른）與小孩（어린）的差異，在於母音「一」的橫躺或直立。仍是孩子時總是亟欲證明自己，以過度防禦或衝動出擊的態度處理事情；成為成熟的大人後，習得以更加柔軟的姿態接納生命的各種面貌，並且以扎實的內力，承接他人與社會的苦痛。

無須汲汲營營，渴望成為 1.1 人份的人，內心富足後，那 0.1 的豐盛自然而然能成為照亮他人的光亮。

莫莉的生活提案

☽ 完整 1 人的檢視法：對自身情緒與其反應負全責。

☽ 能獨立供給自身所需後，有餘力替他人付出就是「大人」。

☽ 觀察自己不會因突發事件過度著急時，就有能力付出那 0.1 了。

여러분의 삶 여러분의 인생에 언젠가 저희의
존재가 저희의 음악이 저희의 무대가 저희의 사진
영상이 여러분들한테 아주 조금이라도 아픔이
100 이라면 그 100 을 99, 98, 97 로 만들어 줄 수
있다면 그걸로 저희의 존재의 가치는 충분합니다 .

若我們的存在、我們的音樂、
我們的舞台、我們的照片和影片，
能將各位為數 100 的傷痛降至 99、98、97，
那我們存在的價值已經充分被證明。

2017.12.10 THE WINGS TOUR THE FINAL RM

「看到你們現在如此大紅大紫，我真的很開心，但在開心的同時，卻又有些感傷，明明是一同啟程的，但是你們已經走了太遠，而我還在原地踏步……」

2017年WINGS TOUR劃下句點，演唱會上南俊發表感言時，唸出歌迷曾經寫給他們的信件內容。南俊說他們原本也不相信自己能成功，不相信這七個人真的能被大眾認同，他們痛苦、質疑過，曾經猶豫是否該放棄一切，但是他們最終還是做到了，七名少年站在夢想的舞台上，對著支持他們的人高聲歌唱。

防彈少年團總是抱持著一項最簡單的信念——「真誠唱出每個青春心中的歌曲」。他們的歌詞之所以能打動人心，即是因為貼近心中那些只能暗自啜泣的傷痛。無論是初生之犢不願屈服框架的魄力，還是迷惘徘徊的時期；是面對誘惑時的手足無措，抑或從容自在地面對結束與全新的開始。他們將生命裡各個時期會遇到的挫折心境寫成歌曲、化為舞台，用自己真實的人生經歷編織最具溫度的詩篇，讓每個人從中得

到力量。

當我們遇到難題，覺得寸步難行時，會想起玧其曾說的「黎明之前的夜最黑」；在失去信心，陷入無止境的自我貶低時，會想起總是自信滿滿的碩珍也經歷過黑暗深淵，寫下了〈Abyss〉這首歌；當我們失去熱情，不知自己為何而活時，會想起槙國對於歌手生涯的熱愛，期盼自己歌唱跳舞至手腳四肢無法活動，肺部與喉間無法再發出聲音為止。

防彈少年團將自己的生命活成了最真實的例證，多次表達希望歌迷們好好「利用」他們，盡可能地活用他們所寫下的作品與話語，從中得到自我生命的啟發。

即便沒有人能替他人完成生命的課題，但如同南俊所說，倘若歌迷們的苦痛能得到減輕，甚至僅是些微的降緩也好，那麼他們的價值就已足矣。

試著翻一翻你認為早已熟悉的歌詞或舊影片，細細端詳忽略的片刻。有時經歷了不同的人生旅程後，看著相同的東西會有不一樣的感受，且再次回顧的震撼有時比初次的感動來得深刻。

成長過後你會擁有不同的視角，說不定指引方向的羅盤早已

出現，只是需要用回溯的方式尋寶罷了。

放下「誰比誰更好」、「誰比誰飛得更高、更遠」的差距心態，不僅是防彈少年團，相信世界上許多人事物皆是願意無私給予力量的存在，只要你願意，只要寬心地開啟雷達接收，支持你的力量自然會來到。

莫莉的生活提案

🌙 回想印象最深刻的一次頒獎典禮致詞。

🌙 回顧遇到挫折時，曾經想起哪一段歌詞。

🌙 讀到這裡，最喜歡這本書的哪一句話呢？

내가 까불거려서 행복할 때도 있지만
상대방이 웃어서 더 행복한 거야 . 나를 행복하게 하려고
솔직히 말하면 상대방을 이용하는 거야 .
상대방을 웃게 해서 나를 웃게 하는 거야 .
다른 사람들한테도 다른 사람들이 웃으니까 좋은거지 .

雖然有時我會因為調皮而感到開心，
但其實是因為對方笑了，我才更幸福。
我其實是利用對方使自己快樂。
當對方因我而笑時，我也會開心地笑。
如此一來，對於旁人也將成為快樂的影響。

2017 BTS Bon Voyage 2 Jin

有時候我們經常陷入一道無解難題，即自己的所作所為究竟是為了他人還是為了自己。

音樂家、歌手創作是否是為了取悅聽眾？作者、筆者寫作是為了取悅讀者嗎？那攝影師、影音創作者製作內容全是為了吸引點閱與追蹤數嗎？各行各業負責產出作品或製造物品的人們，他們使他人快樂過後，又留給了自己什麼呢？

當創作的方向流於以他人為導向時，雙方沒有人能從中真正感受到快樂。創作者一味地迎合他人標準，失去自身色彩，觀眾則是無法感受作品的真心與獨特性。但全然以自己作為出發點，絲毫不考慮周遭意見的作品，能否帶給他人良好的影響也是個未知數。

南俊在夏威夷旅行時向碩珍坦言內心的困惑，他說若沒有人聆聽自己的音樂，不曉得身為作曲者的他是否能快樂，但若需要仰賴聽眾的回饋才能使自己快樂的話，是否又喪失了創作的意義。

碩珍提出了「利用」一詞，這裡的利用並非出於惡意的從中獲利，而是轉換觀點思考。當他說笑話娛樂大家，或是做出搞笑的行動，使得眾人哄堂大笑時，他能藉此獲得快樂。他從自身的行為得到成就感，同時感染他人的情緒一同感到喜悅。從另一個角度來看，這樣的做法模糊了自我與他人的界線，並且是將過多的自我意識抽離的方法。

若是固守我讓誰快樂，誰該讓我快樂的二分法，會讓思緒陷入無盡的迷宮。刻意定義付出的方向是自我還是他人的執著，終究會失去分享的初衷。

記得一件事，即便你我不是作家、音樂家、藝術家、發明家，但我們都是創作者，我們是決定該如何填滿人生每個 24 小時的靈魂創作者。身邊的人因你的分享、言行、觀念或決定而開懷大笑，因你獲得啟發或感動，甚至因你落淚。你的作為如同漣漪影響四周，這座湖泊裡的所有存在，相互影響也相互反饋。我們利用他人的快樂使自己幸福，同時也讓幸福的自己散發喜悅，感染其他人。

試著改變「付出僅是單向給予」的觀念，人際關係的互動以相互的「互」為首，才得以持續推「動」彼此關係的建立與進展。同時，嘗試減輕對於認同的渴望，那麼身為創作者的

你，每一天都能恣意以豐富的形式創作。

莫莉的生活提案

🌙 以純粹的心態分享趣事，單純享受彼此一同開心的氣氛。

🌙 檢視與人互動的模式，有時過度等待對方反應是被動，而不是尊重的表現。

🌙 實踐「利用他人，也使自己快樂」的行動，例如主動分享自己有趣的小糗事，使氣氛變得更加輕鬆。

한 잔 해 !

來喝一杯吧！

Jin

一個總是開朗、坦然又自由奔放的人，一個擁有大人般成熟心態，又有孩童般單純性格的人，在人際關係裡會是什麼模樣？

如果要用一句話代表碩珍，歌迷們的腦海大概有極高的機率會浮現這句朗朗上口的「喝一杯吧！」。

這句邀約詞的歷史已經不可考，無論 Twitter、Weverse、訪談影片，處處可見碩珍對號錫說這句話。一句簡單不過的喝酒邀約，成了歌手與歌迷之間蔚為流行的幽默用語。

其實從這句簡單的話，即能看出碩珍在人際關係裡的獨特智慧。人際關係可謂相當複雜的課題，舉凡我們這一生與除了自己以外的人互動都包含其中。剛開始與人建立關係，甚至是加深關係的那一步，相信對內向或外向的人來說都並非易事，我認為關鍵在於「一點點的任性」。

我本身是個內向的人，以前總覺得害羞也無妨，不想勉強自己成為外向型的人。不過近年來心態上有些轉變，開始觀

察那些善於交際、活潑外向的人在社交場合與陌生人建立關係的模式，我漸漸發覺內向的人總是替彼此的關係多想了一步。「我貿然提問這件事應該會很失禮」、「這個話題對方應該不感興趣」、「他好像很累，這個週末讓他好好休息，別提議出遊吧」，心思細膩是項難能可貴的優點，但有時會阻礙雙方關係的進展。

外向的人在尊重彼此的前提之下，大方且真誠地展現自己，並且以開放性的溝通方式引導另一方呼應話題或激發雙方的共通點。

一點點的任性即是施加力道來推動關係。猶如碩珍可以無時無刻，甚至可以說是不顧場合與前後話題，不離不棄地邀約他人，我們在面對人際關係時也可以稍微「厚臉皮」一些，放輕那些替對方設想的情境。

仔細想想，這些事前猜想有時候不是怕冒犯對方，而是預先替自己架設臺階，避免尷尬或遭拒絕的情形發生。我們永遠不是他人，即使第六感再強，也無法百分之百預測他人的心。儘管多麼能設身處地替他人著想，都比不上雙方共同溝通協調來得真實。

將「來一杯」的魔法用語放在心上，想想碩珍勤勉不懈的精神，提起勇氣朝那些想與之增進關係、進一步熟識的人們大膽說出心中的話，說不定會發現對方也正等待契機、苦尋突破點，那麼率先大方伸出手的你，不就是相當耀眼的存在嗎？

莫莉的生活提案

- ☽ 別總是陷入「因為感覺對方好像很忙，所以不敢傳訊息」的循環，大膽一點！
- ☽ 平時多多累積可以與人聊天的素材，留心生活與環境的大小事。
- ☽ 觀察在你眼中活潑外向的人，聊天時都怎麼訴說一件事，然後試著模仿。

29 인생도 똑같아요 .

29 歲的人生也一樣困難。

2022.07.10 Weverse RM

世界上痛苦與幸福的等量原則，似乎也適用於人生的每個階段。

當時一位歌迷在 Weverse 留言訴說高三的生活相當艱辛，南俊回覆了歌迷這句話。無論幾歲的人生都一樣難熬，偶有困境、時常挫敗，在現實與抱負的縫隙找尋鑰匙孔，開啟下一道機會。

國三的你、高三的你，面臨離職、挑戰或失敗的你，可能會說「之前的人生明明很好」，或是懷念孩童時期、學生時期總是那般快樂無憂。接著我們會不斷想著只要這個月結束就能海闊天空，只要出國遊學就能盡情享受開闊的可能性。期許未來是人之常情，但為何已經出社會的大人們，嘴上總是說著無論哪個年紀都有相似的痛苦？

人類有一項矛盾的心理，那就是過往總是無限美好，未來也看似充滿契機，而最痛苦的永遠是現在。但其實這些過往都曾是眼前的現在，那些未知的時刻以規律且不可抗的速度接踵而至。難道當下的煎熬一到明天就會煙消雲散嗎？期待好

幾個月的成果降臨眼前時，是否沒有想像中來得快樂呢？這些事情跨過明日、今日、昨日的刻度後，是本質產生了變化，還是我們的心態自行轉變了？

對於當下的人生感到痛苦，是因為你正直視著它，無論是苦難或幸福都一樣，痛苦的源頭與事件無關，而是「直視」的這項行為。

苦難以顯性的方式考驗著你，前無去路、後無退路的感覺讓人難以承受，被迫正面迎戰的恐懼使人心生逃避，因此想起曾經的美好與尚未到來的明天；身處幸福快樂的感受則會讓人對於可能失去感到不安，不敢肯定自己真的值得這般的幸運，深怕這份喜悅稍縱即逝，無法真正的快樂。

南俊說即便到了 29 歲，人生一樣困難，言下之意即為人生的每個年齡層皆有各式各樣的挑戰，無須羨慕也無須比較，同時也可以衍伸為這些事情的本質其實未曾改變，都是一樣的過程。**這些像是偶然般的必然，取決於直視時的心態。你將決定這該成為人生裡的災難或快樂。**

直視事件的本質，拋開情緒的波動與外在影響一點也不簡單，不過許多人也跟你我一樣進行著這項考驗。防彈少年團

的成員在各自的時間軸，同時或個別歷經了許多生命的挑戰與考驗，所以當面對難以克服的阻礙時，想想地球上也有另一個人，在他的人生中面臨相同的考驗，你希望他順利度過，他也會同樣給予祝福。

每個人都一樣，一樣痛苦也一樣快樂，難題一樣複雜也一樣簡單，而我相信你一樣能繼續前進。

莫莉的生活提案

🌙 既然沒有「只要上大學就能自由」這類的事實，那麼請放寬心，從現在開始找出微小幸福比較重要。

🌙 當完成某件事，心情沒有想像中來得舒暢時也不要困惑，沉穩地繼續前進也很好。

🌙 回想每個階段曾面臨的不同考驗，我們不都逐一克服了嗎？

더 나은 사람이 되고 싶은
생각만으로도 이미 8 할 .

光是想著要成為更好的人，
就已經履行了八成。

2022.05.04 Weverse RM

希望自己可以更加成熟，不再意氣用氣；希望自己可以不讓他人失望，成為值得依靠、信賴的對象；想要在工作領域得到認可，爭取自己的不可替代性。我們在人生的各個領域追求進步與成長，尋求來自外在與內在的認同。然而在嘗試的過程裡，經常不自覺地迷失方向。

「更好的人」的定義為何？比現在的自己更好的基準又該如何制訂？令人失落的是我們經常想努力表現或改變卻遇挫折。例如你意識到自己的情緒起伏大、容易生氣，因此想改善脾氣，總是叮嚀自己要保持理性，專注在事實之上，還要保持笑容、待人和善。實行了好一陣子看似效果良好，卻可能在面對某個突發事件，或是因著某人的情緒反應，突然控制不住、原地爆炸，覺得努力功虧一簣。

對於該如何努力成為更好的人，南俊回答歌迷「光是有這個想法，就已經履行了八成」。不過光在腦裡思考，為什麼已經實現了八成？唯有空想，沒有實際作為，不會淪為毫無意義的舉動嗎？

行為跟念頭實為分開的兩個層面，彼此在不同的情況下得以相互影響。有時候實際的行動可以打破腦中的預設立場，而南俊所說的則是以念頭影響行動。

以情緒問題為例，你知道自己在面對難以掌控的人事物面前會容易感到暴躁，那麼比起過度理性的處理事情，先試著深呼吸，接納想要大吼大叫的情緒，**別告訴自己「不要生氣」，而是告訴自己生氣是一項選擇，但我想成為能夠擁有其他選項的人。**透過這樣的思考練習，你會發現無形之中逐漸找回情緒的掌控權，即便不是一蹴可幾，這段學習的時間就是「實踐努力」的過程。實踐並不一定是有形的作為，在腦海裡改變念頭也是一項很不簡單的實際行動。

那麼剩下的兩成又該是什麼？我認為一成是實踐，即將腦中的念頭轉為可見的行動，而另一成則是他人的雷達。當我們真心與他人互動，抱持良善之心，盡責地完成工作以及人際關係的付出時，對方的感受度取決於他自己而不是你，所以才會說有一成取決於他人。

從另一個角度來看，也沒有人能真的成為百分之百的好人，畢竟我們無法掌控周遭人的想法。因此別過度要求自己，光是將想變好的思維放在腦裡發酵，這份意念就已經相當有

力。其餘的部分，我們能在每件小事上不愧對自己就好，自然而然，美好的事物就會向你靠近。

莫莉的生活提案

- 🌙 先從小事開始訓練自己的頭腦，例如對家人感到感恩，那真的經常説謝謝了嗎？
- 🌙 記得實踐某事後的感受與收穫，使身體反覆熟悉這種感覺。
- 🌙 無需太在乎取決於他人的那一成，別顧此失彼。

우리가 서로의 의지이길 .

願我們成為彼此的依靠。

2018.03.09 Twitter RM

「我們是彼此的夜景，彼此的月亮。」

—〈moonchild〉RM

彼此、依靠是南俊經常提及的詞彙，他總是告訴歌迷，我們是彼此的依靠、典範，更是彼此的支持者。

這首歌的歌詞寫到，夜空裡的光亮是某人挑燈努力的象徵，宛如我們因著這片閃耀的夜景得到慰勞般，我們藉由彼此的苦痛得到安慰，依循彼此的存在得到前行的勇氣，成為相互之間的依靠。

向他人祖露傷痛的過程反而能拉近彼此的關係。當你願意開口向他人示弱，反而是信任的表現；願意依賴他人，減輕心中負擔的行為，其實是更加成熟的作為。一方面讓對方得知你的信任，使他也能對你敞開心胸，另一方面，你懂得認識且認同自己的困境，並且付出行動，適當地照顧自己。

苦痛成為安慰不是件矛盾的事情。當你面對傷口，願意付出行動療傷時，自痛苦的土壤中萌芽的花兒，更加鼓舞人心；他人見證你的努力，望見奇蹟發生的時刻，必定會深受感動，甚至從中得到面對自身問題的勇氣。如同我們能從這些誠實面對內心掙扎、徬徨無助的歌曲中獲得力量，我們也能從周邊的人身上得到幫助。

然而成為依靠有一項關鍵，那就是「彼此」，雙方要互相支撐對方才不會失去平衡。意思是兩方皆懷抱願意支持對方的心意，並且實際傳達，才能成為彼此的依靠。歌手透過文字與音樂傳達心意，我們在人際關係之中也需要以各種形式透露關心他人或表達渴望他人幫助的訊息。

跨過 2020 的新年之際，南俊一如往常地在 Weverse 寫下新年的勉勵文，他寫道「希望我們依然能作為彼此有意義的支柱，比起期盼朦朧不清的幸福，更希望這份濃縮的愛與真心可以充滿你我的內心」。當你悶著頭處理生命的困境時，旁人無從得知，比起希望他人以通靈的方式看穿內心，試著主動表達吧！無論是隔著螢幕，在腦海中思考措辭後發送的文字訊息，還是選擇當面親口訴說，記得敞開內心的門扉，才能知道有誰願意接住真正的你。害怕成為他人的負擔，有時

會讓旁人無機會伸手予以支持。

這首歌的英文歌詞也寫到「可以流淚（Tear），但別撕裂（Tear）自己」，我們可以難受、哭泣，但別讓自己獨自承受撕裂之痛。當夜晚來臨時，高掛的月與窗戶內流洩的燈光就是你我的棲息之處。

相互付出、彼此關懷，建立於真心之上的依靠，才是濃度最高且實在的關係。別懼怕身上的刺會成為他人之痛，對方的傷也說不定正是你所需要的光。

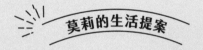

莫莉的生活提案

☽ 接到「你過得好嗎？」的訊息不免讓人慌張，聽到對方直接分享生活大小事還比較自在。換個角度，我們也可以當主動的那一方。

☽ 自我消化情緒是成熟的表現，但適時、適度示弱，或許會發現旁人的轉變。

☽ 不吝嗇分享自己，老話一句，「厚臉皮」一點。

실패할 수도 , 넘어질 수도 , 좌절할 수도 있어요 .
당연해요 . 많이 실패하고 넘어지고 좌절해도
포기하지 않으면 됩니다 .
그만두고 싶다는 생각이 들어도 딛고
일어서길 바랍니다 . 나 자신을 믿지 못하겠다면
나를 믿어주는 사람들을 위해서라도 .

失敗、跌倒、挫折都是正常的，
但失敗了、跌倒了、經歷挫折時不要放棄。
當想拋下一切時，也請咬著牙奮力站起。
就算無法相信自己能克服，
也請為了那些相信你的人起身面對。

2018 Dicon Magazine V

回顧這十年，若說最讓粉絲感到心痛的記憶，2018 年 MAMA 頒獎典禮獲頒年度大獎時的感言，或許至今仍會讓許多人感到難受。碩珍透過麥克風，坦承他們因為身心疲憊，年初討論過解散的事實，但最後還是團結起來，努力一整年的時間，在年末得到名符其實的大獎。

當時除了碩珍，其他成員也含著眼淚，尤其是號錫和泰亨更是哭得語帶哽咽，難以平復。無論是現場的歌迷，或是透過轉播收看的歌迷們也全都心疼不已，久久無法釋懷那股衝擊與愧疚。

現在回顧當年春天接受的訪談，雖不知他們經歷多少時間或嘗試，並透過溝通與協調，得以再次凝聚目標，但從這段訪談似乎也能觀察出成員間內心的堅定。

我們都知道路途上出現阻礙是必然，但難的是面對的心態與應對的方法。

考驗出現時，眾人所說的不要放棄，不是要你別中途棄權，

得繼續與眼前的考驗苦鬥、戰得遍體鱗傷，而是別放棄自己值得休息、緩衝、轉彎，以及向外求助的權利。

被現實掏空的挫折、被自我束縛的困境，很多時候我們難以單靠自己的力量獨自面對。這時候別怪罪自己的能力不足，換個角度想，我們受到的壓力及挑戰不會只來自單一個體。即使面對的只是一名主管、老師或親友，其背後的社會環境、家庭背景、個人因素組成了這個人，因此，我們很難倚靠微薄的力量與之抗衡。

試著別把所有重擔攬在身上，別將再次站起視為份內事，身邊的人都願意成為你的支柱，他們的目光依然在你身上，這代表他們對你的信任。你或許會納悶，自己都不相信自己能成功，他們憑什麼信任你？這份對他人的質疑其實源於自我的投射，請藉由他們的信任，大方相信自己吧。

作為歌手有時也會遇到難關，無法相信自己的能力，陷入泥沼。這時候作為歌迷的我們，會不吝嗇地相信他們，相信他們能熬過心理關卡、相信他們能再次走上不愧對自己的道路。歌手能因歌迷的相信、隊友的信賴，進而面對挑戰、接納結果。反之亦然，我們的生命裡也有許多無條件相信我們的人，在這些人的眼裡，即使我們脆弱不堪，但仍充滿可能

性。那麼請相信這股力量，相信自己能克服一切，相信身邊的人都願意幫忙且一直都在，只要你願意依賴。

碩珍在致詞的最後說：「即使經歷了這些事，我們又重新把彼此抓住。」他人的力量，有時比想像來得強大、有時比想像來得深厚。

防彈少年團藉著彼此的力量，再次緊緊繫住對方，他們也不斷用這份「信任」的訊息，告訴歌迷，你從不是一個人。

莫莉的生活提案

🌙 為了他人再度站起，絕非為了滿足他人的期待而活，而是轉化為充滿力量的救助繩索。

🌙 記得他人的「相信」。不是相信成果，而是相信你從 0 到 1 的努力過程。

🌙 「你不是一個人」的力量很大，實例很多，重點在你能否發自內心相信。

먼 미래 지나가는 우리의 시간들을 보며
웃을 수 있기를 .

願在遙遠的未來，
能笑著回想我們的曾經。

2018 FESTA JungKook

回顧 2018 Festa 的＜防彈聚餐＞跟 2022 Festa 的＜真，防彈聚餐＞，一個是該年度曾討論過解散，差點成為最後一次的聚餐，一個則是宣布成員 solo 活動開始，預告開啟防彈少年團第二章的重要轉折點。

2022 年的冬天，由碩珍為首，防彈少年團的成員們陸續當兵服役。這樣必然的離別，歌迷們皆能理解，也從好幾年前就開始進行心理建設。但看著入伍公告與成員們拍的紀念照片，仍隱藏不住內心深處的擔憂與滿滿的不捨。

成員們在等待當兵的時間裡，發行個人專輯、紀錄片、海外巡演、國內演唱會、品牌代言、演唱電影主題曲等等，將這段期間充實填滿，盡可能縮短歌迷對空白期的時間感受。看著這些籌備已久、富含真心的作品，不免再次覺得，正如同號錫曾說過的那句話，能喜歡上防彈少年團真的太好了。

防彈少年團出道十年以來，無論歌迷從哪個時間點喜歡上他們，防彈少年團都在那段生命裡用音樂、舞台、話語陪伴了你我的人生。有人因為朋友的推薦，覺得這個男子團體看起

來很嘻哈，但在自製綜藝節目卻異常搞笑，因此產生好奇心；有人僅曾聽聞在美國很紅，偶然之下看到聯合國演講的影片，進而欣賞他們；有人被某首歌曲的歌詞或旋律感動，開始接觸他們的音樂。

成為歌迷之後的我們，下載 Twitter、直播 APP 等之前從未接觸過的手機軟體，可以在無字幕的情況下聽著一知半解的韓文，看著螢幕裡他們開心地笑，感受其臉部表情與語氣，然後一同開懷大笑；還有些人因此對韓文產生興趣，找朋友一同上韓文課。

每當成員生日時，猶如自己的生日般開心，而當自己生日時，若有成員更新消息或直播，更會樂得不可開交。我們也托演唱會的福，得以出國遊玩，甚至還能磨練勇氣，挑戰一個人出國。更別說因為喜歡防彈少年團所認識的知心好友，以及長期互動的專頁等等。

這些獨特的經歷、體驗、快樂與收穫，確確實實在你我的生命裡發酵，留下了名為青春的足跡，成為不可替代的花樣年華。

我們都可能曾是一個人或是在群體裡的一頭孤獨鯨魚，但回

顧這段有他們陪同的時光，能發現自己有多麼努力，嘗試從未設想過的事情，這些片刻的你都在閃閃發亮。

2022 年的＜真，防彈聚餐＞，槙國對於接下來未知的全新開始，如此告訴歌迷：「我們七個人會用更好的模樣回到大家面前，我對此深信不疑。」

我也對此深信不疑。無論是七名少年成長過後，再次重聚時的美好能量，或是每一位阿米們在自己生命的旅途如何邁進，**我相信每個人的花樣年華，可以是無時無刻，也可以是尚未到來的明天。**

莫莉的生活提案

☽ 即便生命的某段回憶成為過去式，它仍是滋養你的養分。

☽ 如果有了其他的生活重心也別感到愧疚，你的快樂最重要。

☽ 思索花樣年華對於你的定義，然後實踐。

國家圖書館出版品預行編目資料

防彈，是要你在艱難的世界成為自己的光 / 莫莉著 . -- 初版 . -- 臺北市：日月文化出
版股份有限公司 , 2023.09
　　面；　公分 . -- (Life map ; 6)
ISBN 978-626-7329-41-2(平裝)

1. 人生哲學
191.9　　　　　　　　　　　　　　　　　　　　　　　　　112011351

Life Map 06

防彈，是要你在艱難的世界成為自己的光

作　　者：莫莉
企劃編輯：凌凡羽
封面繪圖：虫羊氏
封面設計：謝佳穎
版型設計：LittleWork 編輯設計室
內頁排版：LittleWork 編輯設計室
行銷企劃：張爾芸

發 行 人：洪祺祥
副總經理：洪偉傑
副總編輯：曹仲堯
法律顧問：建大法律事務所
財務顧問：高威會計師事務所

出　　版：日月文化出版股份有限公司
製　　作：EZ 叢書館
地　　址：台北市信義路三段 151 號 8 樓
電　　話：（02）2708-5509
傳　　真：（02）2708-6157
客服信箱：service@heliopolis.com.tw
網　　址：www.heliopolis.com.tw
郵撥帳號：19716071 日月文化出版股份有限公司

總 經 銷：聯合發行股份有限公司
電　　話：（02）2917-8022
傳　　真：（02）2915-7212
印　　刷：中原造像股份有限公司
初　　版：2023 年 09 月
初版 4 刷：2023 年 10 月
定　　價：340 元
Ｉ Ｓ Ｂ Ｎ：978-626-7329-41-2